Elisabeth Lukas

FRANKL UND GOTT

Elisabeth Lukas

Frankl und GOTT

Erkenntnisse
und Bekenntnisse
eines Psychiaters

VERLAG NEUE STADT
MÜNCHEN · ZÜRICH · WIEN

»Mehr Bäume. Weniger CO_2«. Weil jeder Beitrag zählt.

MIX
Papier
FSC® C083411

CPI klimaneutral
Mehr Bäume.Weniger CO_2

2026, 3. Auflage

Umschlaggestaltung und Satz: Neue-Stadt-Grafik
Foto von Viktor E. Frankl: © Prof. Dr. Franz Vesely
https://creativecommons.org/licenses/by-sa/3.0/de/
Druck: CPI books GmbH, Leck

Produktsicherheit: www.neuestadt.com/de/produktsicherheit.html
Verlag Neue Stadt, Münchener Str. 2, D-85667 Oberpframmern
verlag@neuestadt.com

ISBN 978-3-7346-1183-4 www.neuestadt.com

… ein guter Mensch ist nicht gut
um eines guten Gewissens willen,
sondern einer Sache –
der „guten" Sache! – wegen
oder einer Person zuliebe –
oder aber um Gottes willen.

Viktor E. Frankl

Inhalt

Vorwort

Wer war Viktor E. Frankl?

Wer war Viktor E. Frankl? Es ist unmöglich, sein bewegtes Leben und sein vielfältiges Wirken in wenigen Worten zusammenzufassen. Ein paar Stichpunkte müssen genügen:

- Frankl war Facharzt für Neurologie und Psychiatrie - und Philosoph, Psychologe, Psychotherapeut.

- Frankl war Inhaber von zwei Doktoraten, 29 Ehrendoktoraten und zahlreichen Auszeichnungen seitens diverser Wissenschaftsgremien.

- Frankl war a. o. Professor an der Universität Wien und Gastdozent an insgesamt 230 Universitäten weltweit.

- Frankl war der Autor von ca. 30 Fachbüchern und Hunderten Artikeln, die in mehr als 40 Sprachen übersetzt worden sind.

- Frankl war der Begründer einer eigenen Psychotherapierichtung, genannt „Logotherapie und Existenzanalyse".

- Frankl, geb. 1905, gest. 1997, war ein berühmter Zeitzeuge des 20. Jahrhunderts.

- Frankl war Überlebender von vier Konzentrationslagern im Zweiten Weltkrieg, in dem er (bis auf eine Schwester) seine gesamte Familie verlor.

- Frankl war hochintelligent, innovativ und ein kritischer Denker, der vorgefertigte Lehrmeinungen strengen Prüfungen unterzog.

- Frankl entstammte einer jüdischen Familie und war ein tief gläubiger Mensch.

Zählt man diese Lebensdaten zusammen, vor allem Frankls enorme Menschenkenntnis, seine dramatischen Holocausterlebnisse und seinen kritisch-wachen Intellekt, dann ist es spannend zu erfahren, *welche Art von Glauben* Frankl entwickelt hat. *Welches Gottesbild war für ihn glaub-würdig?*

Ich selbst bin Frankl 1968 an der Universität Wien begegnet und blieb bis zu seinem Tod mit ihm und seiner Frau Elly in Kontakt. Seit mehr als einem halben Jahrhundert beschäftige ich mich intensiv mit seiner Lehre. Deshalb wage ich es auf mehrfache Bitten hin, in diesem Buch der Frage nach Frankls Glauben nachzuspüren. Um Frankl gerecht zu werden, werde ich mich eng an seine Texte halten und die jeweiligen Quellen zum Nachstudium beifügen. Mündlich war Frankl außerordentlich zurückhaltend, was seinen religiösen Bezug betraf. Er pflegte zu sagen, dass drei „Tätigkeiten" unter dem Schutz der Scham stehen und nicht ans Licht der Öffentlichkeit gezerrt werden sollten, nämlich *das Lieben, das Beten und das Sterben.* Die Religiosität eines jeden Menschen war für ihn eine zu respektierende „Intimsphäre". Schriftlich aber hat Frankl seine Überzeugungen offen kundgetan, hat sogar ein eigenes Buch zum Thema des „unbewussten Gottes" verfasst. Aus diesem literarischen Vermächtnis Frankls will ich seine bemerkenswertesten Glaubensansichten herausfiltern und für die Leserinnen und Leser von heute verständlich aufbereiten.[1]

Vielleicht helfen sie dem einen oder anderen in unserer aufgewühlten Zeit, in der die Traditionen schwinden, die Kirchen sich leeren, die Kulturen sich vermischen, die verschiedenen politischen

---

1 Die Quellenangaben zu den (fett gedruckten und eingerückten) Zitaten von Viktor E. Frankl, die in ihrem ursprünglichen Wortlaut wiedergegeben werden, sind in Kurzzitierweise am Ende eines jeden Abschnitts angegeben, die vollständigen bibliografischen Angaben finden sich im Anhang, S. 185f.

Strömungen aufeinanderprallen und die wirtschaftlichen Profite häufig der einzige Interessensmaßstab zu sein scheinen, sich innerlich neu zu orientieren. Vielleicht gewinnt der eine oder andere[2] dank Frankls Anregungen einen metaphysischen Halt von ähnlicher Stärke, wie er Frankl durch sämtliche Torturen hindurch getragen hat. Vielleicht wird das 21. Jahrhundert noch eines werden, in dem es ein wahrer Segen ist, einen solchen Halt zu haben.

Elisabeth Lukas

2 Um der flüssigen Lesbarkeit willen habe ich in diesem Buch an manchen Stellen auf das Gendern verzichtet und bitte diesbezüglich um Verständnis und Nachsicht.

Geblieben ist: die Ehrfurcht vor Gott

In seinem Bestseller „… trotzdem Ja zum Leben sagen" hat Frankl seine furchtbaren Erlebnisse in den deutschen Konzentrationslagern der 1940er-Jahre aus psychologischer Sicht geschildert. Das Buch ist millionenfach verkauft worden. Es ist seiner in der Gaskammer umgekommenen Mutter, zu der er ein inniges Verhältnis gehabt hat, gewidmet. In den letzten Kapiteln dieses berührenden Zeitdokuments beschrieb Frankl, wie schwer es den zum Kriegsende von amerikanischen Soldaten befreiten Häftlingen fiel, sich nach dem langen Martyrium an ihrer wiedergewonnenen Freiheit zu freuen. Dennoch war er gewiss, dass ihnen eines fernen Tages ihre Gefangenschaft wie ein böser Traum vorkommen werde, aus dem sie endlich „erwacht" sind. Danach endet das Buch mit folgendem Satz:

> **Gekrönt wird aber all dieses Erleben des heimfindenden Menschen von dem köstli-**

chen Gefühl, nach all dem Erlittenen nichts mehr auf der Welt fürchten zu müssen – außer seinen Gott.

War es die Meinung Frankls, dass man Gott fürchten muss? Nein, aus zahlreichen anderen Textstellen wissen wir es besser. Was Frankl hat ausdrücken wollen, war, dass ihn nichts „Menschliches" mehr erschrecken konnte, hatte er doch in die tiefsten Abgründe menschlicher Abscheulichkeit geschaut. Aber diese erlangte „Souveränität" eines „jenseits aller Schrecken Stehens" durfte in keinen Hochmut oder Zynismus ausarten. Was ihn davor bewahren sollte, war die bedingungslose Ehrfurcht vor Gott. Sie, so Frankl, hatte im Lager kein Jota eingebüßt, keinen Kratzer abbekommen. Im Gegenteil: Diese seine Ehrfurcht war geblieben und gewachsen und sollte fortan sein Leben und sein Werk bestimmen.

tJL 139

Psychotherapie und Theologie

Frankl hat die Entwicklung der Psychotherapie als einer eigenständigen Wissenschaftsdisziplin sozusagen von ihren „Kindertagen" an mitverfolgen können. Er hatte eine enge Verbindung mit den Pionieren Sigmund Freud und Alfred Adler und hat sich bis ins fortgeschrittene 20. Jahrhundert mit sämtlichen aufkommenden Strömungen der analytischen Therapieformen, der Verhaltenstherapie, Humanistischen Psychologie, Suggestionstherapien, Gesprächspsychotherapie etc. intensiv auseinandergesetzt. Daher wiegt seine Behauptung schwer, wonach

> **... niemand, der ehrlich ist und die Psychotherapie ernst nimmt, deren Konfrontation mit der Theologie aus dem Wege gehen [kann].**

Warum ist das so? Nun, das liegt allein schon im Seelenbegriff begründet, der in der griechischen

Version „Psyche“ in „Psychotherapie“ steckt, der aber auch eine zentrale Rolle in der Theologie spielt. Freilich wird er jeweils unterschiedlich definiert und interpretiert. Jede Seite versteht etwas anderes unter „Seele“, was nur ein Anlass mehr ist, miteinander im Gespräch zu bleiben. Einigkeit besteht jedoch darüber, dass die „Seele“ leiden kann, sich irren und verirren kann, dass sie des Trostes und der Hilfe bedarf. Da beide Disziplinen in der Pflicht sind, diesen Trost und diese Hilfe zu gewähren, ist es nur vernünftig, trotz verschiedener Prämissen und getrennter Vorgehensweisen einander wohlwollend gegenüberzustehen und die gegenseitige Konfrontation nicht durch Misstrauen und Vorurteile zu belasten.

In dieser Hinsicht war Frankl ein leuchtendes Vorbild im Strudel vieler Animositäten zwischen strikten Naturwissenschaftlern und ebenso strikten Geisteswissenschaftlern, die beide beanspruchen, das Wunder „Seele“ komplett enthüllen zu können. Es war Frankls Stärke, bei aller Präferenz für empirische Präzision dem Wunder Raum zu geben.

DuG 8

Der Logotherapie liegt die Religion am Herzen

Die von Frankl begründete Logotherapie ist eine sinnzentrierte Psychotherapie, die weltanschaulich neutral sein muss, weil ihre Methoden und Argumentationen für jeden Ratsuchenden, Kranken und Patienten, unabhängig von dessen religiösen oder politischen Überzeugungen, gleichermaßen akzeptabel und einsichtig sein müssen. Psychotherapeutische Hilfe ist „ohne Ansehen der Person" zu leisten, was Frankl in bewundernswerter Weise unter Beweis gestellt hat, als er nach dem Ende des Zweiten Weltkrieges seine ärztliche Tätigkeit wieder aufnahm, ohne jemals einen seiner Patienten zu fragen, ob dieser vielleicht bei der antisemitischen Hetzjagd und dem arischen Größenwahn mitgemacht habe oder nicht.

Für die Logotherapie kann die Religion daher nur ein Gegenstand der Betrachtung und Erforschung sein, nicht aber ein Standort. Trotzdem hat Frankl gleich zweimal in seinem Schrifttum versichert, dass der Logotherapie die Religion am Herzen liegt,

> **... und zwar aus einem einfachen Grund: im Zusammenhang mit Logotherapie meint Logos Sinn.**

Es zeichnet sich also hinsichtlich der Logotherapie eine zweite Überschneidung mit der Theologie ab: Nicht nur die „(Geist-)Seele" des Menschen verknüpft beide Disziplinen miteinander, sondern auch der Sinnbegriff schlägt eine Brücke dazwischen, je nachdem, wie eng oder weit man ihn fasst. Therapeutisch geht es oft darum, mit einem Patienten den kleinen „Sinn des Augenblicks" im Hier und Jetzt zu entdecken und seine Realisierung zu erleichtern. Theologisch war der Logos „im Anfang" ... und wird wohl auch im Ende sein.

DuG 62, LsL 101

Religion ist ein Phänomen am Menschen

Wie kaum ein anderer Forscher der Seelenheilkunde hat sich Frankl mit der anthropologischen Grundlagenforschung beschäftigt. Es war ihm von allem Anfang seiner Arztkarriere an wichtig, Menschsein in seiner Einheit und Ganzheit, aber auch Vielschichtigkeit und Mehrdimensionalität zu verstehen. Dementsprechend vermochte er die psychophysische Gebundenheit und Angewiesenheit des Menschen an die Intaktheit des leibseelischen Organismus von der geistigen Freiheit und Autonomie der Person zu differenzieren und die jeweils nötigen Behandlungsstrategien auszuformulieren. Es ist das unbestrittene Verdienst Frankls, dafür eingetreten zu sein, dass „stets in der richtigen Seinsdimension" angesetzt wird. Dem Verhungernden ist nicht mit weisen Worten gedient, und dem existentiell Frustrierten nicht mit einem Stück Brot. Psychotiker brauchen Medikamente, Ängstliche brauchen eine Portion Mut und Humor, und wohlstandsverwöhnte Leute brauchen ein sinnorientiertes Geleit. Um den jeweils richtigen Ansatz zu finden, muss man über die Phänomene, die sich am Menschen zeigen, und deren Herkunft Bescheid wissen und darf nicht in den Fehler verfallen, sie einseitig zu deuten; sie etwa allein dem Triebgeschehen, der Lerngeschichte oder den neuronalen Prozessen im Gehirn zuzuschreiben.

Religion ist ein Phänomen am Menschen, am Patienten, ein Phänomen unter anderen Phänomenen, denen die Logotherapie begegnet.

Für Frankl zählte das Phänomen „Religion" zur spezifisch menschlichen Wesensart, zu einer (geistigen) Dimension, die nur dem Menschen eignet und die nicht bloß eine kognitiv-emotionale Variante seiner leibseelischen Ausstattung, die ja auch Tieren eignet, darstellt. Geistigkeit war für Frankl der einzigartige humane Zugang zur Welt des Sinnes und der Werte, des Ethos, Pathos und Logos.

LsL 99

Unterschied zwischen Mensch und Tier

Biologen und Evolutionstheoretiker staunen immer wieder über die „Weisheit der Instinkte", mit denen die Tiere genau „wissen", was sie im Interesse ihres Überlebens und des Überlebens ihrer Art zu tun und zu unterlassen haben. Freilich hat sich dieses Wissen in Jahrmillionen herausgebildet und wird in den genetischen Strukturen der Generationen weitervererbt. Und dennoch: Das Staunen ist berechtigt. Gerade die tüchtigsten Wissenschaftler, darunter berühmte Astronomen und Physiker (wie z. B. Max Planck oder Werner Heisenberg), sind und waren immer wieder diejenigen, die zur Bescheidenheit und Vorsicht bei großspurigen Erklärungsmodellen „aus dem Nichts heraus" mahnten.

Auch Frankl war einer von denjenigen, die sich fragten, ob es nicht hinter der „Weisheit der tierischen Instinkte" und dem verblüffenden Umfang der menschlichen Intelligenz (die sozusagen als „höherer Instinkt" aufgefasst werden kann)

> **... eine Weisheit, und zwar von einem die seinige [des Menschen] grundsätzlich überragenden Range – eine übermenschliche Weisheit – geben muss, die ihm die Vernunft und den Tieren die Instinkte eingepflanzt hat;**

wenn auch in einem äonenlangen Prozess. Vielleicht, so überlegte Frankl, ist ja genau dies der essenzielle Unterschied zwischen Mensch und Tier, dass die Intelligenz des Menschen hoch genug ist, um auch noch zu erahnen, dass alle Entwicklung einen Urimpuls braucht, der sich nicht aus sich selber heraus entwickeln kann ...

> **In der naturwissenschaftlichen Projektionsebene bildet sich Teleologie nicht ab ... Was aber noch lange nicht ausschließt, dass sie nicht in einer höheren Dimension existiert.**

ÄS 74, DuG 90

Religiöses Erleben und Intimität

Das Wort „Scham" wird heutzutage hauptsächlich in Zusammenhang mit etwas Peinlichem gebracht, dessen man sich schämen müsse. Aber der Ausdruck „Scham" umreißt auch das Gegenteil von exhibitionistischen Tendenzen, die selbst das Privateste und Intimste noch zur Schau stellen. Zu Freuds Zeiten betraf solche Schamhaftigkeit alles, was mit Sexualität zusammenhängt, und dies sicher in einem übertriebenen Ausmaß, dem Freud gegensteuern wollte. Inzwischen hat sich das Pendel eher in Richtung eines untertriebenen Ausmaßes bewegt. Was aber inzwischen zugenommen hat, ist die Schamhaftigkeit in Bezug auf den persönlichen Glauben. Insbesondere die Menschen in den modernen Industriestaaten outen sich lieber als lesbisch, polyamourös oder aidskrank denn als praktizierende Katholiken oder Anhänger von Buddhas Lehren. Sie wollen ihr religiöses Erleben nicht „verraten", wollen es nicht belächelt oder in Diskussionen zerpflückt sehen, sondern in ihrem Innersten unangetastet und unhinterfragt bewahren.

> **... von der Öffentlichkeit fürchtet der Mensch, dass ein ihm Heiliges entweiht werde.**

Solche Schamhaftigkeit hat nicht das Geringste mit einer neurotischen Hemmung zu tun, sondern ist eher ein gesundes Zeichen und in jeder Hinsicht zu respektieren.

Auch im Rahmen psychotherapeutischer Sitzungen zögern Patienten normalerweise, ihren religiösen Gefühlen Lauf zu lassen, was nur gut ist. Haben sie allerdings Vertrauen gefasst, kommt es durchaus vor, dass sie Glaubensunsicherheiten und Gewissensnöte an ihren Therapeuten herantragen. In der Logotherapie haben wir für diesen Fall außer einer Überweisung zum Seelsorger (falls dies gewünscht bzw. akzeptiert wird) noch einiges mehr anzubieten, wovon nachfolgend die Rede sein wird.

DuG 35/36/37

Nichtschwimmer in Ertrinkungsgefahr

Es ist gar nicht so selten, dass beim psychotherapeutischen Gespräch erhebliche Glaubenszweifel zum Vorschein kommen. Die Verbitterung über die Ungerechtigkeiten in der Welt wird verquickt mit der Verbitterung darüber, „dass Gott diese ungerührt zulässt". Auch der Hader mit einem eigenen schweren Schicksal wird auf dem Rücken des „lieben" Gottes ausgetragen, der „offensichtlich so lieb nicht ist, wie einem verkündet worden ist". In der Revolte kommt es zur Abkehr vom kindlichen Glauben, ohne dass eine reifere Glaubensform bereits herangewachsen wäre. Da nützt die Empfehlung, sich beim Priester oder Glaubensvertreter Rat zu holen, manchmal wenig. Angesichts dieser Sachlage kann sich der Psychotherapeut nicht einfach auf die Position zurückziehen, dass er nicht zuständig sei. Oder dass es seinem Patienten besser ginge, hätte dieser einen festeren Glauben, was leider nicht der Fall ist.

Wenn ein Nichtschwimmer in Ertrinkungsgefahr ist, so sagen wir uns ja ebenfalls nicht: hätte er doch schwimmen gelernt. Sondern wir leisten Hilfe – auch wenn wir nicht Schwimmlehrer sind.

Die Hilfe kann nicht darin bestehen, dass der Psychotherapeut mit seiner persönlichen Meinung herausrückt oder gar seine eigenen Wertvorstellungen dem Patienten überzustülpen versucht. Was jedoch legitim ist, das ist der Einstieg in einen zwischenmenschlichen Dialog, in den philosophische Aspekte eingespielt werden. Ziel kann es dabei sein, unhaltbare Gottesvorstellungen aufzulösen oder ein verschüttetes Urvertrauen neu zu beleben. Die Erfahrungen zeigen, dass die Zweifler in ihrem tiefsten Seelengrunde meistens sowieso „schwimmen können", um im Gleichnis zu sprechen, und es auch wieder wagen, sobald sich ihnen eine stützende Hand (und ein klärendes Argument) naht.

TTN 151/152

Die unbewusste Gläubigkeit

Dank seiner Studien an vielen Menschen in extremen Lebenslagen gelangte Frankl zu der Ansicht, dass zumindest eine unbewusste und latente Gottbezogenheit in jedem Menschen schlummert, selbst wenn dieser sich als atheistisch bezeichnet.

> **Unsere Formel vom unbewussten Gott meint ..., dass Gott mitunter uns unbewusst ist, dass unsere Relation zu ihm unbewusst sein kann, nämlich verdrängt und so uns selbst verborgen.**

Die Verdrängung, ursprünglich ein psychoanalytischer Begriff, ist ein in der Psychotherapie wohlbekanntes Geschehen. Gerne verdrängen wir z. B. unangenehme Wahrheiten und „stecken den Kopf in den Sand". Wir zimmern uns die Realität nach unseren Wünschen zurecht. Auch verdrängen wir eigene Fehler oder unmoralische Gelüste und Begehren, um unser Selbstwertgefühl nicht zu belasten. Das alles schwankt zwischen Bewusstheit und Unbewusstheit und rutscht umso tiefer ins Unbewusste hinab, als es uns schmerzt, gewissen Tatsachen klar und unbeschönigt ins Auge zu sehen.

Warum aber verdrängt jemand seinen Gottesbezug? Vielleicht ist es die Widerspenstigkeit eines ichhaften Wesens. Vielleicht ist es der Wunsch, Beherrscher von allem zu sein. Vielleicht ist es das Abwehren einer letzten Prüfinstanz. Vielleicht ist es die Stupidität alltäglicher Gleichgültigkeit. Was es auch sein mag, in extremen Lebenslagen bricht sich unsere unbewusste Gläubigkeit ihren Weg durch die psychischen Sperren hindurch und taucht plötzlich unerwartet auf. Die „Göttin Vernunft" hat ausregiert, die Illusion des Beherrschen-Könnens hat sich verflüchtigt, die simple Alltäglichkeit ist gestoppt. Nackt auf seine Existenz zurückgeworfen, erinnert sich der Mensch nicht selten seines verborgenen Bezugs zum verborgenen Gott.

DuG 47

Die Ruinen, die den Blick freigeben

Es gehört zu Frankls Bekenntnissen, dass er den Menschen als religiöser einschätzte, als dieser selbst von sich ahnt, und dass er die menschliche „Seele“ – im Gegensatz zu den meisten seiner Fachkollegen – für das hielt, was im alten lateinischen Wort „Anima naturaliter religiosa“ (d. h.: die Seele ist von Natur aus religiös) zum Ausdruck kam. Die Gültigkeit des häufig ironisch gebrauchten Spruchs „Not lehrt beten“ hat Frankl zu oft und zu intensiv erlebt. Für ihn war jedoch nichts Ironisches oder Abfälliges daran. Er betonte sogar, dass ihm ein religiöses Zeugnis, das erst in der Not und Verzweiflung abgelegt wird, lieber sei als eine religiöse Betätigung, die nur so lange anhält, wie das Leben „in Ordnung“ ist.

Wie oft sind es erst die Ruinen, die den Blick freigeben auf den Himmel!

Um Missverständnisse zu vermeiden, hat Frankl die „Anima naturaliter religiosa" jedoch jener menschlichen Seinsdimension zugerechnet, die er in Abgrenzung zur psychischen („seelischen") Dimension die *geistige* nannte. Da es heute einen Konsens unter den Fachleuten darüber gibt, dass im psychischen Bereich unsere Kognitionen und Emotionen angesiedelt sind, also unser Denken und Fühlen, die beide unser Verhalten (mit)steuern und ihre neuronalen Korrelate im Gehirn haben, wollte Frankl jene innermenschlichen Vorgänge davon unterscheiden, die mit Freiheit, Verantwortung und Werterfassung zu tun haben. *Sie und mit ihnen die bewusste oder unbewusste Religiosität* ordnete er dem Geist zu, der uns nach biblischer Diktion „eingehaucht" worden ist und erst vollends zum Menschen avancieren lässt. Unser Blick auf den Himmel ist somit stets ein dreidimensionaler: ein physischer mithilfe unserer Augen und Sehnerven, ein psychischer mithilfe unseres optischen Wahrnehmungsvermögens und ein geistiger mithilfe der Antennen unseres religiösen Gespürs.

DIM 237, LuE 128/129

Frankls Kritik an Carl G. Jungs Theorien

Kenner der diversen psychotherapeutischen Schulen könnten versucht sein, Frankls „Formel vom unbewussten Gott" als eine Neuauflage Jungscher Thesen zu interpretieren. Dabei würden sie allerdings gewaltig irren, denn die Thesen der beiden großen Denker klaffen in einem gravierenden Punkt weit auseinander.

Für Carl Gustav Jung wurzelte die unbewusste Religiosität des Menschen in entsprechenden Archetypen, die der kollektiven Triebsphäre der Menschheit entstammen. Der Mensch würde demnach durch angeborene, präformierte Urbilder seiner Ahnen, die sich in sein Gehirn eingraviert haben, zur Religiosität angestiftet, ob er es wolle oder nicht, und ob er es wisse oder nicht. Damit wird das Phänomen der menschlichen Religiosität parallel gesetzt zu etwaigen vom Aggressionstrieb ausgelösten Wutattacken oder zu vom Sexualtrieb ausgelösten Paarungsgelüsten.

Frankl erteilte solchen Herleitungen eine eindeutige Absage.

> **Denn echte Religiosität ... steht mit ihrem Entscheidungscharakter – und fällt mit ihrem Triebcharakter. Denn Religiosität ist entweder existentiell, oder sie ist gar nicht.**

Für ihn zählte der Gottesglaube zu den persönlichsten, eben „existentiellen" Entscheidungen, die ein Mensch treffen kann, bewusst oder noch in der Latenz des Unbewussten ruhend, aber dennoch in geistiger Freiheit bejaht und nicht vom Zwang eines in den Genen pochenden Triebes determiniert. Was wäre das auch für ein Glaube, zu dem man weder Ja noch Nein sagen könnte? Und was wäre das für eine Gottesanbetung, die mittels materieller Strukturen urtümlich in uns hineingepresst wäre?

DuG 49/50/51

Niemanden zum Glauben drängen!

Frankl setzte seine philosophisch-psychologischen Überlegungen zur Religiosität des Menschen damit fort, dass er dem Moment der „Existentialität" ein zweites anfügte, nämlich das Moment der Spontaneität. Religiöse Empfindungen brauchen ihre Zeit, um spontan aufzukeimen, und sollen diese Zeit auch haben dürfen. Deshalb warnte Frankl davor, jemanden zu einem bestimmten Glauben zu drängen. Es ist außerordentlich kontraproduktiv, Menschen unter Druck zu setzen und von ihnen zu verlangen, an vorgegebene Glaubensinhalte zu glauben. Abgesehen davon, dass man gar nicht auf Befehl „glauben wollen kann", nicht einmal auf eigenen Befehl (ähnlich, wie man nicht auf Wunsch lieben kann), sträubt sich etwas im Menschen gegen Fremdeinflüsse in einem so persönlichen und intimen Bereich. Die Kulturgeschichte weiß von genügend Vorkommnissen zu berichten, bei denen religiöse Manipulationsversuche an

Volksschichten eher zur Abkehr von der Religion und zu Aufständen geführt haben.

> **Hier wäre alles programmatische Daraufhinarbeiten verfehlt; ja jede mehr oder minder bewusste Intention wäre dazu angetan, den Effekt zu vereiteln.**

Die Liebe braucht das Gewahrwerden von etwas Liebenswertem – und genauso braucht der Glaube das Gewahrwerden eines Glaubwürdigen! Deswegen finden liebenswerte Personen und glaubwürdige Denkmodelle eine „Gefolgschaft", ohne dass sie eine solche rekrutieren müssten. Und deswegen ist die optimale Missionsarbeit stets eine an sich selbst und an dem Vorbild, das man in die Welt hinein ausstrahlt. Das hat schon Jesus vor 2000 Jahren gewusst … und daran hat sich bis heute nichts geändert.

DuG 55/56

Zwischen Psychophysiologie und Theologie

Man kann sich fragen, ob es überhaupt Sache und Aufgabe eines Psychiaters ist, sich über die Religiosität des Menschen den Kopf zu zerbrechen. Dem ist zu entgegnen, dass alles psychiatrische und therapeutische Wirken auf einer stimmigen Anthropologie aufbauen *muss*, weil falsche Menschenbilder zu falschen Behandlungen führen. Fatal ist etwa ein Menschenbild, das die Willensfreiheit des Menschen ausblendet. Frankl gab zwar zu, dass die Psychophysiologie als reine Naturwissenschaft diesseits der Freiheit des Willens aufhören muss, aber damit ist noch nicht die Ganzheit des Menschseins erfasst:

> **Die Naturwissenschaft sieht nur den psychophysischen Organismus, nicht aber die geistige Person. Daher vermag sie auch nicht jener geistigen Autonomie des Men-**

schen ansichtig zu werden, die ihm trotz psychophysischer Dependenz eignet.

Ebenso fängt die Theologie erst jenseits der Willensfreiheit an, nämlich insofern, als sie eine „göttliche Vorsehung“ (wie Frankl sich ausdrückte) dem menschlichen Willen übergeordnet erachtet.

Beide Disziplinen tun dies zu Recht, doch die Anthropologie muss sich haargenau dazwischen einklinken. Sie hat den winzigen Spalt zwischen den psychophysischen Abhängigkeiten des Menschen offenzuhalten, jenen Spalt, in dem der Mensch verantwortlich handeln kann und – in theologischer Diktion – von Gott her auch handeln darf und soll. Dieser winzige „Freiraum“ ist das therapeutische Terrain, in dem die Mühe um einen Patienten fruchtet. *Dort* kann dieser an seiner Genesung und an der Regeneration seines Lebens arbeiten. *Dort* kann er Anleitungen umsetzen, problematische Einstellungen verändern und aus eigener Kraft wachsen. *Dort* ist sein eigentliches Ich zu Hause.

LuE 87

Den Anthropozentrismus überwinden

Ein Weiteres hat die Anthropologie gemäß Frankl zu leisten. Sie hat sich nämlich vor der Verleitung zum Anthropozentrismus zu hüten.

Der Verzicht darauf, sich selbst in den Mittelpunkt zu stellen, fällt dem Menschen von jeher schwer. Was hat er einst darum ringen müssen, das geozentrische Weltbild loszulassen! Was musste er an vermeintlicher Selbstherrlichkeit aufgeben, als klar wurde, dass er sich aus den Säugetieren entwickelt hat! Nach wie vor wäre er gern der Macher von allem, der oberste und wichtigste Funktionär im ganzen Universum, der die Fäden in seinen Händen hält.

Und doch muss er einsehen, dass er nicht der Macher von Sinn und Werten ist. Sobald er in eitler Arroganz selbst definieren möchte, was sinn- und wertvoll (oft in Verwechslung mit „für ihn nützlich oder vorteilhaft") ist, gerät er alsbald ins Strudeln und richtet zunehmend Schaden an. Sinn-Skeptizismus und Werte-Relativismus sind die Zutaten, aus denen sich von jeher die Strömungen des Nihilismus zusammengebraut haben. Strudelnd galt und gilt es dann immer wieder, sich auf die Signale aus der Transzendenz rückzubesinnen, die der Mensch als ein (auch) geistiges Wesen empfangen kann.

> **Und diesen transzendenten Wesenszug des Wesens Mensch hat eben die Anthropologie ... mitzuvollziehen. So hat sie es sich zu versagen, den Menschen vom Menschen her restlos verstehen zu wollen.**

Jenen winzigen Spalt, in dem der Mensch verantwortlich handeln kann und darf, hat sich der Mensch nicht selbst geöffnet … Frankl betonte, solche „Demut" sei der einzige Weg, dem Nihilismus die Stirn zu bieten und einem Humanismus den Weg zu bereiten.

DIM 222

Sigmund Freuds „niedriges Häuschen"

Sigmund Freud, der Altvater der Psychotherapie, hat den „transzendenten Wesenszug des Menschen" übersehen, was man ihm nicht verübeln darf. War er doch ein Pionier auf einem noch unerforschten Fachgebiet, um das sich zu seiner Zeit wilde Spekulationen rankten. Es war sein Bestreben, der Wissenschaftlichkeit Genüge zu tun. Er wollte die in der Gesellschaft tabuisierte Triebebene erhellen, wollte verdrängte Gefühle ans Licht zerren etc. Was sollte er da mit der (auch von ihm beobachteten) Religiosität des Menschen anfangen? Wo sollte er die Frage nach Sinn und Werten hinplatzieren? Nach seinen eigenen Aussagen fand er schließlich eine Wohnstatt für die religiösen Anliegen seiner Patienten in einem „niedrigen Häuschen", genannt „Menschheitsneurose".

Hier irrte Freud, was nicht heißt, dass er sich durchgehend getäuscht hat. Zwar hafteten auch seinen Theorien noch zahlreiche unerwiesene Spekulationen an, aber zweifellos hat er die Seelenheilkunde einen Schritt vorangebracht. Frankl verglich die Anthropologie Freuds mit der Beschreibung eines Flugzeuges, das sich auf einer Rollpiste bewegt. Es ist schon richtig, dass das Flugzeug dort wie ein Auto fährt – nur: *Ist* es deswegen ein Auto?

Freilich wird es sein Flugzeug-Sein erst unter Beweis stellen, sobald es vom Boden abhebt und sich in den Raum erhebt.

Auch der Mensch stellt sein Menschsein erst unter Beweis, sobald er sich in die Höhe der Sinn- und Wert- und Gottsuche emporschwingt. Natürlich gibt es neurotische Entgleisungen und seelische Leiden ringsum, aber das „niedrige Häuschen" ist de facto zu niedrig, um das Wunder „Mensch" in seiner Mehrdimensionalität beherbergen zu können.

DWS 118/119

Dürfen Christen seelisch krank werden?

Die Leserinnen und Leser werden sich denken: Welch dumme Frage! Sie ist wirklich dumm. So wie jeder von uns körperlich erkranken kann, kann auch jeder von uns in seelische Turbulenzen geraten, und dazu braucht es gar nicht viel Malheur. Trotzdem gibt es streng religiöse Kreise, in denen seelische Leiden verpönt sind. Das geht auf die verflixte Kontamination des alten Seelenbegriffs mit der modernen Auffassung von Psyche zurück. Frankl hat diesen Wirrwarr genial entflochten. Alles Körperliche und Psychische, das wir *haben,* ist anfällig und hinfällig, wer wollte es leugnen? Jede Pflanze welkt, jeder Stein verwittert. Die geistige Person jedoch, die wir *sind,* ist durch Krankheit „störbar, aber nicht zerstörbar", so Frankl. Auch bei schweren Depressionen, im Drogenrausch oder bei völliger Demenz ist die Person zwar emotional und intellektuell angeschlagen, aber in ihrer Geistigkeit heil, obwohl sie „hinter" dem Krankheitsgeschehen gleichsam verbarrikadiert ist, unsichtbar und ohnmächtig geworden. Darin gründet ihre unverlierbare Würde. Auch ein kranker Mensch ist in seinem Personsein unverletzlich.

Gläubigkeit ist nun ein Attribut der geistigen Person und kann folglich umso weniger zum Ausdruck kommen, als die Person durch psychophysische Defekte blockiert ist. Der christliche Glaube bildet diesbezüglich keine Ausnahme. Mehr noch: Auch er kann vor dem Krankwerden nicht schützen; und dies ist auch nicht seine Aufgabe.

In Wirklichkeit ist Religiosität keine Garantie gegen eine neurotische oder gar eine psychotische Erkrankung.

Die Aufgabe des Glaubens ist es, die geistige Person treu durch ihre guten und schlechten Tage hindurch zu geleiten. Auch in Zeiten einer psychischen Erkrankung, die jeden Menschen treffen kann.

DIM 109, LsL 114

Eine gestörte Beziehung zur Transzendenz

Fragen wir jetzt umgekehrt: Könnte eine fehlende Gläubigkeit in seelische Krankheiten hineintreiben? An dieser Stelle wird die Angelegenheit komplizierter. Denn seelische Nöte haben die verschiedensten Ursachen, und diese sind auch noch kreuz und quer miteinander vernetzt. Der jeweilige Ursachenschwerpunkt kann in hormonellen bzw. neuronalen Störungen liegen, aber auch in inadäquaten Ängsten, Minderwertigkeitsgefühlen, Realitätsverkennungen etc. Nicht nur dies. Neben den somatischen und den psychischen Primärursachen lösen auch unethische und egoistische geistige Haltungen massive Probleme aus. Nicht nur das konstitutionelle (= angeborene) oder konditionierte (= erlernte) Unfreie im Menschen kann sich auf schmerzliche Art bemerkbar machen, sondern auch das Freie im Menschen kann für falsche Zwecke genützt werden, was sich in Form eines „sinnentleerten Lebens" rächt. Was theologisch als „Gottesferne" bezeichnet wird, ist häufig die Ferne vom Bestmöglichen in sich selbst.

> **... als solcher Grund der neurotischen Existenzweise jedoch wird sich nicht allzu selten die Tatsache nachweisen lassen, dass der neurotische Mensch eine Defizienz aufweist: Seine Beziehung zur Transzendenz ist gestört.**

Es ist daher nicht auszuschließen, dass die Irreligiosität (verdrängte Religiosität?) einer Person pathogen wird, d. h. erkranken lässt, weil sie die Person unglücklich macht oder zu Unglück bringenden Reaktionen motiviert. Allerdings ist leider ebenso wenig auszuschließen, dass die Religiosität einer Person krankhaft entartet, insbesondere wenn diese Person zum Fanatismus neigt oder von verqueren Gottesbildern besessen ist.

DuG 52/54

Der menschliche Anteil an der Depression

Zu den häufigsten seelischen Erkrankungen zählen die Depressionen. Der heutige Trend geht in die Richtung, sie einfach mittels Antidepressiva zu beseitigen. Doch sind Antidepressiva lediglich dann indiziert, wenn beim Kranken Schwankungen im Neurotransmitterhaushalt vorliegen, was nicht bei allen depressiven Personen der Fall ist. Depressionen können auch auf tragische Leiderfahrungen oder auf Wertkonflikte und weltanschauliche Irritationen zurückgehen. Ein kompetenter Psychotherapeut wird in solchen Fällen selbstverständlich andere Hilfsmethoden heranziehen.

Interessant ist jedoch eines bei alledem. Selbst bei Depressionen, die keinen äußeren Grund haben, sondern nur durch ein (häufig ererbtes und phasenweise auftretendes) funktionales Ungleichgewicht an den Nervenschaltstellen bedingt sind, ist der geistige Beitrag des Menschen zur Krankheit noch ablesbar. Das In-der-Vitalität-eingebremst-Sein, das

Sich-verkriechen-Wollen würde analog bei kranken Tieren ablaufen, aber dass der

> **... betroffene Mensch ... seine Insuffizienz als Schuld erlebt, gegenüber seinem Gewissen oder gegenüber seinem Gott – all dies liegt schon nicht mehr am Morbus [= an der Krankheit] endogene Depression ...**

All das kündet vielmehr von etwas anderem, etwas Transmorbiden, das die elektrochemischen Vorgänge im Organismus und ihre psychischen Auswirkungen sprengt. Die geistige Person ist immer mit am Werk, und deshalb muss auch die Behandlung depressiv Kranker diesem Sachverhalt Rechnung tragen. Zwar lassen sich überzogene irrationale Schuldgefühle nicht „ausreden", aber es kann gelingen, dass die Kranken sie zu ignorieren wagen im Vertrauen darauf, dass ihre Depression wieder abklingen wird - mitsamt den Vorgaukelungen in ihrem Sog. Und dass dann wieder erkennbar werden wird, was echte Schuld ist und was nicht.

TTN 67

Blasphemische Zwangsvorstellungen

Für nicht psychotherapeutisch geschulte Seelsorger ist es wichtig zu wissen, dass es neben echten Schuldbegängnissen bloße „Schuldfantasien" gibt, die Symptome psychischer Krankheiten darstellen und *keinesfalls* ernst genommen werden dürfen, etwa im Zuge einer Beratung über Reue, Sühne, Wiedergutmachung etc. Nicht nur bei melancholischen Verstimmungen, sondern auch bei zwanghaft-perfektionistischen Denkstrukturen werden die Patienten oft von unnötigen und falschen Schuldgefühlen geplagt. Eine Sonderform davon sind die blasphemischen Zwangsvorstellungen, die speziell religiöse Personen befallen und die quälende Angst in ihnen erzeugen, sie könnten ungewollt irgendwelche abstrusen Gotteslästerungen begehen. Auch bei solchen Kranken sind vertrauensbildende Maßnahmen angemessen, indem sie aufgeklärt werden, woran sie leiden, und danach lernen, sich z. B. vorzusagen:

Gott weiß gewiss mindestens so sehr, wie ich es nun weiß, dass die mir sich aufdrängenden lästernden Zwangsgedanken fernab von meinem wahren religiösen Empfinden vor sich gehen ...

Sie lernen verstehen, dass Gott „kein schlechterer Diagnostiker“ sein kann als ihr zuständiger Arzt und daher neurotische Zwangsvorstellungen exakt dort lokalisieren wird, wo sie sitzen: in einer von dräuenden Urängsten gebeutelten Psyche und nicht im Herzen einer gläubigen Person.

Nicht den Urängsten, nicht den Zwangseinfällen (wo immer sie herkommen mögen) gegenüber ist die Person frei. Aber frei ist sie, sich geistig davon zu distanzieren und sich mithilfe der rechten Einstellung darüber zu erheben. Diese „Letztfreiheit“ anzuzapfen ist die Kunst des Psychotherapeuten.

PiP 193-196

Worte von Sören Kierkegaard

Bezüglich des Aspekts einer „Letztfreiheit" machte Frankl auch vor psychotischen Endzuständen nicht halt. Er insistierte, dass die sogenannte „Geisteskrankheit" keine Krankheit des Geistes, sondern ein körperlich-seelisches Gebrechen ist, das - so unsere Hoffnung - eines Tages mit medizinischen Mitteln heilbar sein wird. Ebenso insistierte er, dass der „Geisteskranke" unter allen Umständen seine menschliche Würde und seinen Lebenswert behält. Hat Frankl doch während der Naziherrschaft etliche seiner psychotischen Patienten unter persönlichem Risiko vor der Euthanasie bewahrt, bevor er selbst interniert wurde.

In seiner späteren Kasuistik berichtete Frankl u. a. von einem 60-jährigen Mann in seiner Klinikabteilung, der autistisch war, halluzinierte und nichts anderes tat, als den ganzen Tag Papier zu zerreißen. Mitunter wurde dieser Mann plötzlich wütend, fing sich aber wieder und tat niemandem etwas zuleide. Als Frankl dies beobachtete, stellte er dem Mann die Frage, wem zuliebe sich dieser beherrsche? Der Kranke erwiderte: „Gott zuliebe". Frankl schrieb daraufhin:

> **Und da fallen mir die Worte von Kierkegaard ein: „Selbst wenn der Wahnsinn mir das Narrenkleid vor die Augen hielte – ich kann meine Seele noch erretten: wenn meine Liebe zu Gott siegt."**

Man beachte: Von 100 Therapeuten hätten wahrscheinlich 99 den Patienten gefragt, was ihn denn plötzlich derart wütend werden ließ. Dafür lege ich meine Hand ins Feuer! Nicht so Frankl. Ungerichtete Aggressionsschübe sind Symptome der psychotischen Umnachtung. Das war für ihn nicht interessant. Sich aber trotzdem zügeln zu können, war die Ausschöpfung einer Letztfreiheit, in der die heile geistige Person durch das Krankheitsgeschehen hindurchblitzte. *Das* war für Frankl von Bedeutung!

LuE 145/46, LsL 115

Die zehnte These über die Person

Wir haben gehört, dass Frankl den alten Seelenbegriff aus der christlichen Mythologie (den noch Kierkegaard im obigen Zitat verwendet hat) in die Definition des menschlichen Geistes übergeführt hat, womit nun wiederum nicht unser Verstand oder unsere Intelligenz gemeint sind. Vielmehr ist die Einmaligkeit und Einzigartigkeit unseres Personseins gemeint. Um diesen seinen Personenbegriff aufzufächern, hat Frankl zehn Thesen über die Person formuliert, die allesamt beeindruckend sind. Sie gipfeln in der zehnten These, die schlichtweg lautet:

> **Die Person begreift sich selbst nicht anders denn von der Transzendenz her.**

Frankl verwies dabei auf die lateinische Wurzel des Wortes „Person". „Personare" heißt „durchklingen, durchtönen". So sei die Person durchtönt und durchklungen vom Anruf der Transzendenz.

Es ist seltsam, dass auch Laien, die weder theologisch noch philosophisch und schon gar nicht logotherapeutisch gebildet sind, häufig die Metapher benützen, dass „etwas" in ihnen erklingt oder ertönt. Dass eine innere Stimme in bzw. zu ihnen spricht. Dass diese innere Stimme sie manchmal an etwas erinnert oder vor etwas warnt. Dass sie ihnen überraschende Inspirationen eingibt und in Dilemmata gute Richtlinien zuflüstert. Manche Leute deklarieren diese Stimme als ihr „Bauchgefühl", dem sie mehr trauen als präzisen logischen Deduktionen.

Seit Jahrhunderten gibt es allerdings noch einen ganz anderen Ausdruck für diese innerste Stimme. Einen Ausdruck, der leider an Beliebtheit verloren hat, weil ihm (zu Unrecht) Strenge und Züchtigungstendenzen angedichtet worden sind. Frankl jedoch hat diesen Ausdruck favorisiert, als er sagte, dass der Mensch den Anruf der Transzendenz abhöre in seinem *Gewissen*.

DWS 94

Hinter dem Gewissen steht das Du Gottes

Es lässt sich historisch aufdröseln, wieso die Vokabel „Gewissen“ in unserer Zeit an Sympathie eingebüßt hat. Es war Freud, der ursprünglich ihre Umfragewerte ins Sinken gebracht hat. In seinem beschränkten Menschenbild, das nur Psychisches und Somatisches kannte und nichts darüber hinaus, wurde aus dem „Gewissen“ flugs ein „Über-Ich“, und aus der Gewissensstimme wurde flugs die internalisierte dröhnende Stimme des „Vaters im Nacken“ oder die Moralpredigt eines autoritären Lehrers, die sich schreckenerregend tief eingeprägt hat. Für Freud stand hinter dem Phänomen des Überichs ein starker Vertreter von Norm und Ordnung, der mit unerfreulichen Konsequenzen droht, wenn ihm nicht gehorcht wird. In den Wortkombinationen „Gewissenskonflikt“, „Gewissensnot“, „Gewissensqual“ spiegelt sich dieses Furcht einflößende Mäntelchen wider, das dem Gewissen umgehängt wurde.

Für Frankl hatte nichts davon Geltung. Für ihn stand hinter dem Gewissen nicht das Ich eines dominanten Vaters, sondern das Du eines gütigen Gottes.

> **... Für uns ist nicht der Vater das Urbild aller Göttlichkeit, vielmehr ist genau das Gegenteil richtig: Gott ist das Urbild aller Vaterhaftigkeit.**

In logotherapeutischer Interpretation ist das Gewissen sozusagen der beste Freund des Menschen. Immer wegweisend, wohin sich jemand auch verirrt haben mag. Immer besorgt um das Wohl der Welt. Zu nichts zwingend, dafür immer einladend, tapfer voranzuschreiten, Abgründe zu umrunden und an Höhe zu gewinnen. Das Gewissen ist eine dem erlernten Sittenkodex vorgängige Instanz und im Zweifelsfall sogar imstande, widersinnige Regungen aus dem Über-Ich auszuklinken.

DuG 44/45

Frankls Parabel vom Nabel

Eindringlich dargestellt hat Frankl seine Sichtweise in einer Parabel vom Nabel. Betrachtet man den Nabel des Menschen für sich allein, so argumentierte Frankl, müsse dieser funktions- und sinnlos erscheinen. Man kann Funktion und Sinn des Nabels nur aus dessen Vorgeschichte - hier aus der vorgeburtlichen Geschichte des Menschen - verstehen. Der Nabel ist ein „Rest" am Menschen, so Frankl, „der über diesen Menschen hinausweist auf dessen Herkunft vom mütterlichen Organismus, in dem er einst geborgen war".

Frankl zog vom Nabel die Parallele zum Gewissen: Das Gewissen sei ein Hinweis auf des Menschen transzendenten Ursprung, auf seine Herkunft aus der göttlichen Geborgenheit. Löst man es davon los, so liefert man es an des Menschen Beliebigkeit und subjektive Willkür aus, was das Gewissen funktions- und sinnlos machen würde. Es könnte dann „daherplaudern, was es will".

Zwar ist der Mensch „von Gottes Gnaden" zum Mitschöpfer erkoren, aber die Inhalte seiner Gewissensstimme kann er nicht selbst „schöpfen", er kann sie nur vernehmen - oder sich weigern, sie zu vernehmen.

Als Herr meines Willens bin ich [Mit-]Schöpfer – als Knecht meines Gewissens aber bin ich Geschöpf.

In dieser Dialektik gründet unsere Spannung zwischen Freiheit und Verantwortlichkeit. Die Freiheit gehört zu unserem menschlichen Spezifikum, aber unsere Verantwortlichkeit wäre nicht zu erklären ohne unseres Gewissens unsichtbare „Nabelschnur nach oben".

Das psychologische Faktum des Gewissens ist demnach nur der immanente Aspekt eines transzendenten Phänomens.

DuG 40/41

Ein Spruch von Rabbi Hillel

Das Thema „Verantwortlichkeit" ist aus keiner anthropologischen Lehre auszuklammern, wenn diese nicht alle Regeln des gesunden Menschenverstandes kippen will. Es gab zwar pandeterministische Auswüchse, die den Menschen in die Kategorien eines „nackten Affen", eines „reinen Triebbündels" oder eines „programmierten Automaten" einordnen wollten, doch waren sie stets kurzlebig. An der prinzipiellen Verantwortlichkeit des menschlichen Wesens ist einfach nicht zu rütteln.

Frankl verzichtete darauf, sie auf eine eigene Formel zu bringen, und übernahm stattdessen

> **... eine Formel, die uns gemahnen soll an die „furchtbare und herrliche" Verantwortung des Menschen, an die „Ernstlichkeit" seines Lebens,**

indem er Hillel, einen der Begründer des Talmuds, zu Wort kommen ließ. Der besagte Spruch lautet:

„Wenn ich es nicht tue -
wer sonst wird es tun?
Wenn ich es aber nur für mich tue -
was bin ich dann?
Und wenn ich es nicht jetzt tue -
wann soll ich es tun?"

Diese Fragen eines der bedeutendsten jüdischen Schriftgelehrten sind zeitlos und wispern in den Ohren vergangener und künftiger Generationen. Jedem ist das Seine aufgegeben. Niemand kann es an einen Stellvertreter delegieren. Jeder Moment hat seine Herausforderung. Sie ist nicht auf „irgendwann" hinauszuschieben. Und niemand kann bloß für sich selber handeln. Das Handeln des Einzelnen verändert die Gemeinschaft.

Ja, es ist furchtbar und herrlich zugleich, Verantwortung zu tragen. Furchtbar, weil wir beitragen *müssen,* ob im Guten oder im Schlechten. Auch Nichts-Unternehmen ist ein Beitrag! Aber herrlich ist die Verantwortung, weil wir ständig gestalten *dürfen*. Weil es auf *uns* ankommt. Weil wir „Liliputaner" im Weltgeschehen wichtig sind.

DSP 100

Verlieren die „Zehn Gebote" an Geltung?

Frankl hat sich u. a. auch zur Erziehung der Jugend geäußert. Schon in einer Epoche, in der noch niemand an Wertekurse oder Ethikunterricht gedacht hat, stellte er fest, dass die Erziehung nicht nur Wissen zu vermitteln habe, sondern auch eine Gewissensverfeinerung anvisieren solle.

Die Völker rund um den Globus verändern sich – zumal heute, im Trubel der digitalen Vernetzung – rasant. Die Gesetzgeber kommen mit dem Novellieren und Reformieren kaum mehr nach, und Moses „Zehn Gebote" scheinen längst ausgedient zu haben. Frankl hat dies nicht betrauert, sondern zum Anlass genommen, von „Zehntausend Geboten" zu sprechen, die in den 10 000 (und mehr) Situationen verschlüsselt sind, in die uns das Leben hineinkatapultiert. Diese „zehntausend Gebote" sind auf keiner Tafel eingraviert. Nur ein sehr feines Gewissen ist in der Lage, sie aus den im permanenten Wechsel auf uns einstürmenden Gegebenheiten zu dechiffrieren und an uns rückzumelden. - Wann ist es sinnvoll, mit den aktuellen Moden konform zu gehen? Wann ist es sinnvoll, Massenbewegungen zu boykottieren? Wie weit ist es klug, sich einer totalen Überwachung zu fügen? Wie weit ist es notwendig, gegen Machtmonopole zu protestieren?

> **... ein waches Gewissen allein macht ihn [den Menschen] „widerstands"-fähig, sodass er sich eben *nicht* dem Konformismus und dem Totalitarismus beugt.**

Niemand kann sich seiner persönlichen Verantwortung entledigen, indem er den „schwarzen Peter" an die Politiker, Regime, Konzerne, Mediengurus und sonstige Leithammel weiterreicht. Freilich ist der Wirkungsradius des Einzelnen limitiert. Aber innerhalb dieses Radius gelten die Gebote nach wie vor - ob zehn oder zehntausend. Was *zählt,* ist „das Gebot der Stunde"; und was davon *erzählt,* ist das eigene Gewissen.

LsL 31, DuG 73

Wofür und wovor verantwortlich?

Nie zuvor war das Verantwortungsbewusstsein jedes Einzelnen von uns so gefährdet und dennoch so dringend erforderlich wie im 21. Jahrhundert. Warum ist es so gefährdet? Wir balancieren wie auf schwankenden Brettern ohne Geländer. Alles, was uns einst Orientierung war, sei es der „weise Instinkt" der Kreatur, sei es das traditionelle Korsett unserer Vorfahren, ist zu großen Teilen weggebrochen.

Schon Frankl, der Wortspiele liebte, registrierte spöttisch, dass viele seiner Zeitgenossen entweder „wollen, was andere tun" oder „tun, was andere wollen", kurz, sich wenig anstrengen, ihre Lebensmuster selbständig zu entwerfen. Diese Manier hat sich fortgesetzt. Es ist mittlerweile so kompliziert geworden, möglichst ungeschoren in einer Gesellschaft zu bestehen, die fast ausschließlich das Haben belohnt und das Sein missachtet, dass der Einzelne inzwischen froh ist, in virtuelle Welten ausbüchsen zu können, und ansonsten „achselzuckend mitschwimmt".

Angesichts dieser Entwicklung dünkt Frankls Behauptung, der Mensch sei für die Erfüllung eines Sinns - des jeweiligen Sinns des Augenblicks - verantwortlich, wie ein einsamer Ruf in der Wüste. Frankl setzte sogar noch nach: Neben dem Wofür gebe es auch ein Wovor der menschlichen Verantwortung, egal wie der Einzelne dieses interpretiere:

> **... als Verantwortlichsein vor der Gesellschaft, vor der Menschheit, vor dem Gewissen oder überhaupt nicht vor etwas, sondern vor jemandem, vor der Gottheit.**

Das Wofür und das Wovor der Verantwortung haftet uns unabdingbar an. Es lässt sich vor keiner Haustüre ablegen, bei keinem Ausflug in elektronische Fantasieareale abstreifen. Je bewusster wir uns dessen sind, desto eher nähern sich die Chancen für eine menschenwürdige Zukunft wieder dem „grünen Bereich" an, aus dem sie (wie mir scheint) versehentlich herausgerutscht sind.

LsL 102

Letzte oder vorletzte Instanz?

Ich habe erwähnt, dass Frankl bezüglich seines Glaubens zurückhaltend war. Von ihm sind eher Erkenntnisse als Bekenntnisse überliefert. Nur an ein paar Buchstellen gestattete er dem Leserpublikum einen tieferen Einblick in seinen Glauben. So geschehen bei einer Passage über das Wovor der menschlichen Verantwortlichkeit im Gewande des „Gewissens". Ist unser Gewissen wirklich die letzte Instanz, der wir Rechenschaft schulden – oder vielleicht nur die vorletzte Instanz? Frankl entschied sich eindeutig für die zweite Variante, und da er gerade am Fragen war, fragte er gleich weiter:

Wenn unser Gewissen die vorletzte Instanz ist, können wir dann die „letzte Instanz" erhellen?

Hier, an dieser Stelle, gab Frankl seine Zurückhaltung auf. *Ja, wir können:* Diese „letzte Instanz" ist nicht irgendeine mysteriöse Kraft, Urgewalt, kosmische Energie ..., sie ist „Jemand", eine Instanz von ultimativ personaler Struktur,

> **... und wir sollen die Letzten sein, die sich scheuen, diese Instanz, dieses Personalissimum, so zu nennen, wie die Menschheit es nun einmal genannt hat: Gott.**

Ein kleiner Rest an Zurückhaltung zeigt sich noch in der altmodischen Umschreibung „wir" im Text, mit der Frankl wohl sich selbst gemeint hat.

Frankls Glaube war der Glaube an einen persönlichen Gott. Ein Gott, zu dem man sprechen kann, zu dem man Du sagen kann, zu dem man in eine innige Beziehung treten kann.

... und vor dem man sich verantworten muss.

LuE 110/111

Die Position des „homo religiosus“

Als Nervenarzt wurde Frankl von Patienten mit den unterschiedlichsten Anliegen, Sorgen und Problemen aufgesucht. Schwerkranke waren darunter, Personen mit den schlimmsten Prognosen. Auf der anderen Seite baten Patienten um seinen Beistand, denen es relativ gut ging. Die von außen betrachtet keinerlei Grund zur Klage hatten. Aber sie klagten *doch*.

Statistiken zufolge, die nicht nur Frankl, sondern auch Forscher im amerikanischen Raum erhoben haben, leiden ca. 20 % seelisch geknickter Personen an Sinnlosigkeitsgefühlen, Überdruss, existentieller Leere und Perspektivlosigkeit. Meinen eigenen therapeutischen Erfahrungen nach würde ich den Prozentsatz noch höher einschätzen.

Wie kann man da helfen? Sinn kann man natürlich nicht rezeptieren, nicht verordnen. Was man als Berater machen kann, ist

… den Menschen seine Verantwortlichkeit für die Erfüllung je seiner Aufgaben erleben lassen; je mehr er den Aufgabencharakter des Lebens erfasst, um so sinnvoller wird ihm sein Leben erscheinen.

Ich kann diese Zentralaussage Frankls nur bestätigen. Findet sich eine Aufgabe, die dem Betreffenden „auf den Leib und auf die Seele geschneidert“ ist, zu seinen Fähigkeiten passt und der Mitwelt nützt, dann kehrt die Freude in sein Leben zurück.

Aufgabenerfüllung ist jedoch mehr als ein Krisenmanagement. Sie ist schlichtweg die Antwort auf die Frage „Wozu leben?“, die sich jeder irgendwann stellt und aus freien Stücken beantworten muss. Manche Menschen (zu denen auch Frankl gehörte) schließen in ihre Antwort einen transzendenten Auftraggeber mit ein. Frankl sah darin *den* Wesenszug des „homo religiosus“.

ÄS 105

Gibt es so etwas wie einen Moraltrieb?

Dass der Mensch sinnvolle Aufgaben nicht nur erfüllen *soll*, sondern auch *will*, dass er eigentlich nur glücklich ist, wenn er sich „vollblütig" für etwas engagiert, das ihm lieb und teuer ist, hat in der Gilde der Analytiker die Überlegung angestoßen, ob es einen Sinn- oder Moraltrieb geben mag. Einen Trieb nicht unähnlich dem Sexualtrieb. Zwar weniger ausgeprägt und nicht gleich intensiv bei allen Exemplaren der menschlichen Gattung, aber trotzdem basal motivierend. Dem hat Frankl vehement widersprochen. Würde man ein sinnvolles Werk schaffen, um primär seinen Sinntrieb zu befriedigen, dann ginge es einem überhaupt nicht um das Werk an sich. Man würde einen Partner nicht fördern um seiner selbst willen, man würde Kinder nicht erziehen um der Kinder willen, man würde ein Musikstück nicht aufführen um der Musik willen ... Alles wäre intentional auf einen selbst zurückgebogen. Alles wäre bloß Mittel zum Zweck eines Lustgewinns durch Triebberuhigung. Auch moralisches Handeln wäre „kalkuliertes“ Handeln im Dienste eines Eigengewinns.

> **Aber ein guter Mensch ist nicht gut um eines guten Gewissens willen, sondern einer Sache – der „guten“ Sache! – wegen oder einer Person zuliebe – oder aber um Gottes willen.**

Das heißt, je echter der Wunsch eines Menschen ist, seinem Gewissen folgend etwas Gutes zu schaffen, und je mehr er dabei auf sich selbst und eventuelle Eigenvorteile vergisst, umso besser wird sein Vorhaben gelingen, und - welche Paradoxie! - umso zufriedener wird er schlussendlich mit sich selber sein. Die Zufriedenheit, die er gar nicht angestrebt hat, wird ihm dazugeschenkt werden.

PiP 85/86

Ein divinatorisches Vermögen

Jeder von uns kennt die „böse Überraschung“, dass gelegentlich etwas Schlechtes herauskommt, obwohl man etwas Gutes gewollt hat. Uns fehlt die hellseherische Begabung, die es bräuchte, um Endergebnisse vorhersagen zu können. Liegen solche Ergebnisse schließlich vor, kann man rückschauend leicht ihren Werdegang rekonstruieren. Vorausschauend hingegen tappen wir oft im Dunkeln. Auch Frankl räumte ein, dass wir selbst bei sorgfältiger Gewissensprüfung immer nur „halbsicher“ sein können, ob eine Entscheidung, die wir zu treffen im Begriffe sind, sich als richtig erweisen wird. Immer können wir nur „erraten“, was uns gerade „vom Logos aufgetragen“ ist. Uns „half sure but whole hearted“ (halb sicher, aber mit ganzem Herzen) zu entscheiden, sei unser Los, so Frankl vor seinen amerikanischen Studenten.

Trotzdem hielt er viel vom „divinatorischen Vermögen“ des menschlichen Gewissens. In Konfliktfällen ist es der „gewisseste“ Maßstab, den wir haben. Denn allgemein gültige Regeln versagen oft in strittigen Einzelfällen, die sich in kein Schema F eingliedern lassen. Und ein langes Nachgrübeln verschärft eher unsere Unsicherheit, als dass es Erleuchtungen präsentieren würde. Das Gewissen aber mit seiner versteckten „Nabelschnur nach oben“ kann mitunter ein Mini-Omen einfangen, das uns weiterhilft.

Nicht das Wissen, nicht der Intellekt vermag solches zu tun, sondern nur die Intuition, die Divination des Gewissens.

Voraussetzung dafür, dass uns (sei es die Muse, sei es) die Intuition „küsst“, ist allerdings, dass wir uns in die Stille begeben und Stille aushalten. Ich bin (wie Frankl) eine große Verfechterin des regelmäßigen Meditierens in Stille. Die Stille macht uns schlau. Sie entzündet nicht nur ein Sprühfeuer an Ideen in unserem Kopf. Sie schwemmt auch unsere Unsicherheiten aus.

DIM 215

Der Zettel des Diskussionsleiters

Die Gegner Frankls haben wiederholt bemängelt, dass Frankl auf der Transsubjektivität des Sinns bestand. Ihr Einwand: Jeder Mensch habe seine eigenen subjektiven Ansichten darüber, was gut und richtig sei. (Von der Prägung des Einzelnen durch Elternhaus und Kultur ganz zu schweigen.) Der eine halte es für sinnvoll, ein teures Auto abzustottern, um stets mobil zu sein; einem anderen scheine es sinnvoll, möglichst viele Wege per Fahrrad zurückzulegen, um die Schadstoffbelastung der Luft nicht zu erhöhen. Wo gäbe es da ein objektives Kriterium?

Frankl blieb davon unbeeindruckt. Exakt wegen dieser unterschiedlichen Lebenslagen und Zusammenhänge könne es eben – auf die jeweilige Person und Situation zugeschnitten – sinnvoll oder weniger sinnvoll sein, Auto bzw. Rad zu fahren. Nur eines von beidem werde der jeweiligen Forderung des Moments gerecht.

Als einmal vor amerikanischem Publikum eine Diskussion darüber entbrannte, konterte er mit einem simplen Beispiel. Der Diskussionsleiter hatte einen Fragezettel als „nonsense“ (Blödsinn) zur Seite gelegt. Es habe jemand gefragt, welchen Stellenwert 600 in der Logotherapie einnehme. Frankl besah sich den Zettel genau und erkannte, dass die Zahl 600 ein etwas wackeliger Schriftzug des englischen Wortes GOD war. So gelesen war die Frage plötzlich kein „nonsense“ mehr.

> **Worauf ich hinauskommen möchte, ist jedoch das Faktum, dass diese Deutungen nicht gleichwertig waren, vielmehr einzig und allein eine von ihnen verlangt und gefordert war: Gemeint hatte der Urheber der Frage einzig und allein „Gott“ ...**

Vom Sinn „gemeint“ ist auch immer nur eines (und kein anderes) in unserem Leben. „Meaning is what is meant“ („Sinn ist das Gemeinte“)!

DuG 69, ÄS 88

Das Gleichnis von Samuel und Eli

Um noch bei der Diskussion im Hörsaal zu bleiben: Versteht der Adressat eine Frage aus dem Auditorium falsch, dann wird auch seine Antwort auf diese Frage falsch ausfallen. Ähnlich ist es in Bezug auf den Sinnanruf, der seitens der Stimme unseres Gewissens an uns ergeht. Nicht gehörte Rufe verhallen wirkungslos. Missdeutete Rufe führen zu Fehlreaktionen. Das ist mit ein Grund, im Alltagsleben die visuelle und akustische Dauerberieselung zu stoppen, sich öfter zu sammeln, statt sich zu zerstreuen, und regelmäßig die Stille aufzusuchen.

In unserer hektischen Zeit hat kaum jemand dafür ein Faible. Doch Reizüberflutung hat ihre Folgen – über ihren krankmachenden Stress hinaus. Wer auf die Zeichen der Zeit und die Signale aus seinem Innersten nicht achtet, gefährdet seinen Seelenfrieden.

Man könnte vermuten, es sei speziell ein Laster unserer Handy-Gesellschaft, vor lauter „Klingeln“ den (Sinn-)Anruf zu überhören, aber in Wirklichkeit ist es eine lange Erfahrung der Menschheit. Frankl zitierte dazu eine Stelle aus dem ersten Buch Samuel, in der geschildert wird, wie Samuel gemeinsam mit dem Priester Eli im Tempel schläft. Da ruft eine Stimme seinen Namen, und Samuel glaubt, Eli habe ihn gerufen. Aber Eli verneint dies. Die Szene wiederholt sich …

> **Sogar der Prophet hat also, da er noch ein Knabe war, den Anruf, der von der Transzendenz an ihn erging, als solchen verkannt.**

Wen soll es dann wundern, so die Erläuterung Frankls, wenn der „gewöhnliche“ Mensch nicht versteht, dass es sein „Sinn-Organ“ Gewissen ist, das in ihm leise raunt, und wenn er verkennt, was es ihm zuruft.

DuG 41/42

War es ein Wink vom Himmel?

Unter den Lebenserinnerungen von Frankl gibt es ein kurzes Szenario von enormer Tragweite. Damals befand er sich mit einem Schlag in der Rolle des Samuel und rang darum, den „Ruf" richtig zu vernehmen. Frankl war in eine höllische Zwickmühle geraten. Was war geschehen?

Als sich unter Hitler der Antisemitismus ins Unerträgliche zu steigern begann, hatte Frankl ein Ausreisevisum in die USA beantragt. Nach einer jahrelangen Wartefrist wurde ihm ein solches endlich erteilt. Doch seine Freude war gedämpft. Noch konnte er dank seines Amtes als leitender Arzt am Wiener Rothschild-Spital seine alten Eltern vor der Deportation in ein Lager schützen. Reiste er ab, musste er sie jedoch ihrem Schicksal überlassen. Aber: War es klug, das begehrte Visum verfallen zu lassen? War er es nicht seinem „geistigen Kind", seiner Lehre, schuldig, ihr zum Durchbruch zu verhelfen? Brauchte er dafür nicht seine Arbeitsfreiheit?

Unschlüssig verlasse ich das Haus ..., gehe ein wenig spazieren und denke mir: „Ist das nicht die typische Situation, in der ein Wink vom Himmel Not täte?" Als ich heimkomme, fällt mein Blick auf ein kleines Marmorstück, das da auf einem Tisch liegt.

Sein Vater hatte es vom Platz der zerstörten Synagoge heimgebracht. Anhand eines hebräischen Buchstabens identifizierte er es als von den Gesetzestafeln abgesplittert, und zwar just von jenem Abschnitt, in dem das vierte Gebot eingraviert war. „Ehre Vater und Mutter ..." Der weitere Lebenslauf Frankls ist bekannt. Er konnte mit seinem Reiseverzicht zwar seine Eltern nicht retten und entging selbst nur knapp dem Tod. Trotzdem war er immer sicher, dass ihn der „Wink" weise gelenkt hat. Er hätte seine Lehre in Amerika niemals so inbrünstig und überzeugend aufbauen können mit dem Grab der Eltern im Rücken ...

DLA 101/102

… der Ort, an dem das Wunder nistet

Wahrscheinlich hätte nicht jedermann an Frankls Stelle das kleine Marmorstück am Tisch in den Rang einer „göttlichen Empfehlung" gehoben. Es kann sogar in ein problematisches Wähnen entarten, wenn in sämtlichen Koinzidenzen höhere Absichten und Anleitungen gewittert werden. Allzu leichtgläubige Personen verheddern sich dann in einem Geflecht esoterischer Hypothesen, die jeglicher Grundlage entbehren und sie schnurstracks in die Irre führen.

Frankl war diesbezüglich äußerst vorsichtig. Klar war besagter Marmorsplitter nichts anderes als Kalziumkarbonat. Dennoch war es ein höchst bemerkenswerter Zufall, der ihm da mitten in seiner Unschlüssigkeit „zufiel". Wie groß war denn die Wahrscheinlichkeit, dass Frankl ausgerechnet an jenem Tage, an dem er die ersehnte Ausreiseerlaubnis erhielt, „irgendwie" über das vierte Gebot stolpern würde? Praktisch null?

Der Zufall ist der Ort, an dem das Wunder nistet – oder besser gesagt, nisten kann, denn immer kann etwas nur – niemals muss es mehr als bloßer Zufall sein. Darauf suspekt ist alles; aber es ist eben nur suspekt.

Die Diagnose „Zufall oder mehr?“ können wir Menschen nicht stellen. Wenn wir auf Wunder hoffen, denken wir meistens an „Übernatürliches“, aber die wahren Wunder hebeln die Naturgesetze nicht aus. Sie durchlöchern nicht die Kausalität des Seins. Vielmehr bedienen sie sich ihrer und des unberechenbaren Gesellen (Götterboten?) „Zufall“. Und sie geschehen hauptsächlich im Verborgenen. Nur ganz selten streift uns eine Ahnung über sie …

Allemal *kann* nur das natürliche Sein Träger sein eines übernatürlichen Sinns ...

DIM 122/123

Worte des Arztes Paracelsus

Ich möchte Frankls Geschichte vom Marmorstück noch ein letztes Mal aufgreifen. Was wäre eigentlich gewesen, wenn ihm seine Eltern weniger wichtig gewesen wären? Oder wenn er ein miserables Verhältnis zu ihnen gehabt hätte? Hätte in diesem Fall die Fluchtmöglichkeit nach Amerika nicht gleich *zwei* Wünsche von ihm erfüllt: sowohl dem Nazi-Terror als auch den häuslichen Reibereien zu entkommen? Was hätte ein zufälliges Steinchen schon dagegen ausrichten können? Hätte er es überhaupt beachtet?

Kann es folglich sein, dass Wunder eine zusätzliche Voraussetzung haben, nämlich die Liebe? Oder anders ausgedrückt: dass den Liebenden eher eine Ahnung von etwas „Wunder-barem" überkommt als den Nicht-Liebenden? Frankl schrieb:

Vielleicht gilt analog auch vom Menschen, was der große Arzt Paracelsus einmal ge-

> **sagt hat: Wer Gott nicht erkennt, *liebt* ihn zu wenig. Vielleicht bedarf es jener inneren Aufgeschlossenheit ...**

Es bedarf! „Aufgeschlossenheit“ ist das Codewort für jegliche tiefe Beziehung, sei es zu einer Landschaft, zu einem Lebewesen, zu einem Mitmenschen, zu allem, was uns heilig ist. Zahllose Patientengespräche haben mir bestätigt, wie viel davon abhängt, ob jemand für Werte aufgeschlossen ist oder nicht. Ist er es nicht oder nur kaum, dann ist es für ihn, als würden sie gar nicht existieren. Dieses Wertevakuum bringt seinen Lebensmotor zum Stottern … Wie recht hatte Frankl, als er meinte: (Verliebtheit macht vielleicht blind, aber)

> **Liebe macht nicht blind, sondern sehend – geradezu seherisch.**

Ihr eignet eine Erkenntnisfunktion. Denn das, was die Liebe sieht, sind die inneren Werte im Gegenüber. Und alles Wahrnehmen von Werten beglückt uns und befähigt uns, Wunderbares zu erahnen und Wunderbares zustande zu bringen. Der Lebensmotor läuft … und seien dafür bittere Opfer und Verzichte notwendig – der Lebensmotor läuft …

PfA 161/162

Das Bild, das der Liebende erschaut

Frankls „Hohelied der Liebe", das er in seinen Schriften durchkomponiert hat, ist beeindruckend. Aber ist es angesichts der vielen Scheidungen, Partnerschaftskrisen und sexuellen Eskapaden noch zeitgemäß?

Nun, es mag ein Ideal sein, dennoch ein Ideal, dem nachzustreben sich lohnt. Aus Franklscher Sicht zielt die Liebe zu einer anderen Person nicht auf irgendetwas ab, das diese Person „hat", wie zum Beispiel eine hübsche Figur, ein fröhliches Naturell, eine pralle Brieftasche oder einen Prestige-Beruf. Alle diese „Besitztümer" sind ja nicht von Dauer und rasch verlierbar. Was die Liebe hingegen meint, ist die Person selbst; ist das, was sie in ihrem Kern „ist", unvergleichbar mit jeder anderen Person. Ist ihr Dasein und Sosein in Einzigartigkeit.

Weiß sich jemand solcherart „bedingungslos" geliebt, also jenseits dessen, was er an gewinnbringendem Nutzen oder sonstiger Attraktivität zu bieten hat, dann stimuliert ihn dies, seine Talente und Ressourcen zu entfalten.

> **Denn er will des Liebenden bzw. dessen Liebe immer würdiger werden, indem er immer ähnlicher wird dem Bild, das der Liebende von ihm hat, und immer mehr so wird, „wie Gott ihn dachte und wollte".**

Der Liebende lockt sozusagen das Beste aus dem geliebten Menschen heraus, weil er es schon vorwegnehmend schaut, bevor es konkret gelebt wird. Das Pestalozzi-Wort „Ihr müsst die Menschen lieben, wenn ihr sie ändern wollt" hat durchaus seine Berechtigung. Denn auch im pädagogischen Bereich sind Kritisieren und Anklagen nicht die Mittel der Wahl, wenn man gute Resultate initiieren will. Freilich kann ein Mensch nur sich selbst ändern, aber was bringt ihn dazu, an seiner positiven Weiterentwicklung zu feilen? Nicht selten die Tatsache, dass es zumindest *eine* Person gibt, die ihm eine solche zutraut.

ÄS 198/199

Die Engel sind selig im liebenden Schauen

Frankl ist auf seiner Odyssee durch nationalsozialistische Konzentrationslager von seiner Frau Tilly getrennt worden und erfuhr erst nach seiner Befreiung von ihrem Tod. Die Trennung konnte jedoch das geistige Band zwischen ihm und ihr nicht zerschneiden. In seinem Buch über die furchtbaren Erlebnisse aus jenen Tagen erzählte Frankl, wie er im schleppenden Marsch durch Schnee und Matsch zu seinem „Arbeitsplatz", von Aufpassern getreten und geprügelt, seiner Frau gedachte. Er bezeugte, dass man in der denkbar tristesten Situation noch zur Kontemplation fähig ist. Dass man sogar im extremsten Leiden eine Art Erfüllung finden kann, indem man sich zu einer liebenden Schau aufrafft.

Zum ersten Mal in meinem Leben bin ich imstande zu begreifen, was gemeint ist, wenn gesagt wird: Die Engel sind selig im

endlos liebenden Schauen einer unendlichen Herrlichkeit ...

Zu jenem Zeitpunkt, da Frankl im Lager als „Straßenbauarbeiter" geschunden wurde, konnte er nicht wissen, ob seine Frau überhaupt noch am Leben war. Seiner Aussage zufolge spielte dies für seinen innigen Kontakt mit ihr jedoch keine Rolle. Er fühlte sich ihr verbunden, über Gräben und Gräber hinweg.

Es ist eine unumstößliche Volksweisheit, dass die Verbindung zu geliebten Personen Distanzen und Barrieren überwindet und sogar bei deren Sterben nicht abbricht. So sehr sich die Liebe körperlich ausdrücken will, so wenig ist sie auf Körperlichkeit angewiesen. Das geistige Band, aus dem sie gewebt ist, hält dem materiellen Verfall stand, und insofern ist es stärker als der Tod.

tJL 64

Die Fähigkeit zur Selbsttranszendenz

Von allen Psychologieexperten war Frankl der erste, der die menschliche *Fähigkeit zur Selbsttranszendenz* entdeckt und dokumentiert hat. Faktum ist, dass nicht nur die Reporter das Brutale, Gemeine, Betrübliche und Katastrophale eher recherchieren und medial vermarkten als das Lobens- und Dankenswerte in unserer Gesellschaft. Die Wissenschaftler haben denselben Hang, weil einfach Negativismen auffälliger sind als Normalitäten. Aus diesem Grunde haben sie durchwegs Motivationstheorien geschmiedet, die den Menschen als rein egozentrisches Wesen charakterisieren. Ob er auf Lust, Macht, Geld, Anerkennung oder Lebensqualität aus sei, letztlich drehe sich sein ganzes Planen und Handeln um sein eigenes bisschen Ich; um dessen Schutz, Erhalt und Vergnügen – so die gängigen Theorien.

Frankl konnte sich damit nicht anfreunden. Für ihn zeigte sich in diesen auf das Selbst zurückgebogenen Strebungen nur das animalische Erbe im Menschen. Das speziell Menschliche ragt jedoch in eine übergeordnete weltoffene Dimension hinein.

> **Mensch sein heißt ... hingegeben sein an ein Werk, dem sich der Mensch widmet, an einen Menschen, den er liebt, oder an Gott, dem er dient.**
> **... ganz er selbst wird er, wo er sich selbst – übersieht und vergisst.**

Für Frankl war es nachgerade ein Merkmal von seelischer Gesundheit und Fitness, wenn sich jemand um *mehr* bekümmert als um seine persönlichen Belange. Dass jedermann für sich selbst sorgen muss, steht in keinem Widerspruch dazu, dass er sich kraftvoll für etwas außerhalb seines Ichs Liegendes interessieren und engagieren kann (und soll). Erst in solchen Akten von Selbstüberschreitung und Selbsttranszendenz enthüllt sich wahres Menschentum.

DWS 117, ÄS 54

Die Intention ist unser – der Effekt …

Während heutzutage in den Managerkursen und Coachingseminaren für teure Gebühren darüber nachgedacht wird, wie man bei Geschäftspraktiken und brisanten Verhandlungsrunden resultatorientiert und gewinnbringend taktieren kann, warnte Frankl vor einer Fixierung auf Ergebnisse. Die Hingabe an eine Aufgabe, Kernstück der menschlichen Selbstranszendenz, impliziert kein Happy End. Zwar fördern Begeisterung, Selbstvergessenheit und kreative Einsätze das Gedeihen jeglichen Unterfangens, was aber nicht bedeutet, dass keine Unwägbarkeiten die ehrlichsten Absichten durchkreuzen können. Manchmal türmen sich unerwartete und unumschiffbare Hindernisse im Leben auf, wie jedermann weiß. Wer von Liebe und Vorfreude durchdrungen sein will, muss bisweilen Enttäuschungen akzeptieren.

Der Rat Frankls in dieser Causa war, die eigenen Intentionen so rein und geradlinig zu halten wie möglich und nicht nach persönlichen Erfolgen oder gar Fremdbewunderung zu schielen.

> **Die Intention ist unser – der Effekt ist Gottes. Zu welchem Effekt seine Vorsehung unsere Intentionen schließlich abbiegen mag, lässt sich kaum ahnen ... Es gilt, das Seine ... nach bestem Wissen und Gewissen zu tun ...**

... zu tun - und es dann „gut sein lassen". Überhaupt ist es gefährlich, etwas unbedingt erreichen oder behalten zu wollen, auch wenn es sich um ideelle Güter handelt. Je verkrampfter jemand seine Intentionen forciert und das jeweils Intendierte erzwingen will, desto schneller steigert er sich in einen Fanatismus hinein, der „über Leichen geht" (inklusive der eigenen). Wer hingegen die Effekte seiner Bemühungen in „Gottes Hand" legt, wird nicht nur Enttäuschungen gut verkraften, sondern auch in Glückssträhnen vor Überheblichkeit bewahrt bleiben.

DIM 239

Vergötzung und Verzweiflung

Die Überheblichkeit ist ein Stichwort, zu dem man aus psychotherapeutischer Perspektive vieles sagen kann. Sie bekommt uns nämlich nicht. Man darf nicht „zum Himmel heben", was nicht „zum Himmel gehört". Sich selbst nicht und anderes oder andere nicht.

Zum „sich selbst nicht": Frankl erachtete die Selbstvergötzung des modernen Menschen als eine wesentliche Quelle des neuzeitlichen Nihilismus.

> **Der Mensch, der sich aus der Mitte des Kosmos herausgeworfen fühlte, setzte sich nunmehr wenigstens in geistiger Beziehung um so mehr in die Mitte des Seins – an die Stelle von Gott.**

Als tragisches Beispiel nannte Frankl die einstige deutsche Vergötzung von „Blut und Boden". Wie viel „Blut" und „Boden" hat die deutsche Nation dadurch verloren! Jede Vergötzung produziert am Ende Verzweiflung. Ebenso, wenn anderes oder andere überbewertet werden. Sagt zum Beispiel eine Frau zu einem Mann: „Ohne dich kann ich nicht leben", dann ist das kein Liebesgeflüster. Es bürdet dem Mann zu viel Last auf und setzt ihn gehörig unter Druck. Außerdem drückt es die Frau in eine Totalverzweiflung hinein, sollte der Mann sich in Zukunft von ihr verabschieden. Ähnlich ergeht es Personen, die ihre Jugend, ihre Kinder, ihre Arbeit, ihr Haus etc. vergötzen. Man muss alles im Leben loslassen können und dennoch seine seelische Balance zu wahren wissen. Irdisches hat eben seinen Sinn - an seinem Ort und in seiner Zeit, und nicht darüber hinaus ... und in seinem Umfang und nicht darüber hinaus. Wer begierig nach mehr greift, bleibt unweigerlich mit leeren Händen zurück.

Man muss nur wissen, dass letztlich alle Verzweiflung eines ist: Vergötzung – Verabsolutierung eines einzigen Wertes.

DWS 102, LuE 124

Werte vor dem göttlichen Schiedsgericht

Es hat viele Vorteile, sich im Leben ein buntes Wertsystem aufzubauen. Das macht kommunikativ, weil sich im sozialen Umfeld stets Personen finden, mit denen man einige der eigenen Wertvorstellungen in Übereinstimmung teilen kann. Das macht auch flexibel, weil man, sobald ein Wert nicht mehr realisierbar ist, auf die übrigen Werte „umschalten" kann.[3] Es verscheucht Einseitigkeiten, die genau zu jenen Überbewertungen verleiten, die sich so kritisch auswirken.

Aber woher stammen unsere Werte? Aus dem Nichts? Aus dem Gehirn? Woran misst sich der „Wert der Dinge"?

Frankl war überzeugt:

---

3 Der Begriff „Wert" wird sowohl in der Alltagssprache wie in den verschiedenen Wissenschaften unterschiedlich verwendet. Hier wird er in einem weiten Sinne gebraucht, vereinfacht gesagt: bezogen auf dasjenige, was jemand als wichtig und/oder als richtig erachtet.

Erst von einem absoluten Wert ... von Gott her – erhalten die Dinge ihren Wert. Erst wenn wir sie ... vor das göttliche Schiedsgericht zitiert haben, erst dann sind wir imstande, den Wert der Dinge, den ihnen gemäßen Wert zu ermessen.

Frankl zog diesen Gedanken konsequent durch. Da die Werte der Dinge in ihrem Bezug zum Absoluten relativ sind, sind alle Dinge es wert, um eines jeweils Höheren willen geopfert zu werden. Daher sind sie letztlich allesamt „Platzhalter für den Herrn“, ein Ausdruck des Schriftstellers Richard Beer-Hofmann, den Frankl aufgriff.

Man wird ihm zugestehen, dass er sich als Psychiater, Psychotherapeut und Holocaust-Überlebender mit den Abgründen der tiefsten menschlichen Verzweiflung auskannte. Es ist deswegen ernst zu nehmen, wenn Frankl behauptete, dass jeder Verzweiflung eine Begehrlichkeit zugrunde liegt, aus der heraus der Mensch die Dinge (seiner Begehrlichkeit) „am Platz festhält“ und sich an sie klammert, statt sie willig herzugeben und den Platz frei zu machen – für den Herrn.

DIM 223/224/225

Seelische Heilung und Seelenheil

Hat der Facharzt Frankl mit solchen Aussagen in Theologie dilettiert? Das ist ihm manchmal vorgeworfen worden; zu Unrecht, wie er sich verteidigte. Für ihn war klar, dass die Zielsetzungen der Psychotherapie und der religiösen Seelsorge unterschiedliche sind und nicht aufgeweicht werden sollen.

Das Ziel der Psychotherapie ist seelische Heilung – das Ziel der Religion jedoch ist das Seelenheil.

Jede der beiden Disziplinen hat ihre eigenen Richtungsvorgaben und muss Orientierungsmarken und Methoden erkunden, um sich ihren Zielen anzunähern. Bei der Anwendung ihrer Methoden können allerdings *Nebeneffekte* auftreten. Nicht nur Medikamente haben ihre Nebenwirkungen, wie in jeder Packungsbeilage zu lesen ist, sondern auch dichte und aufrüttelnde Gespräche von Mensch zu Mensch haben solche. Nun sind Nebenwirkungen bei Medikamenten meistens unerwünscht und bedauerlich. Aber im Prinzip gibt es auch überraschend *erfreuliche* Nebenwirkungen, insbesondere bei geschickt geführten professionellen Dialogen.

Frankl hob hervor, dass sich solche durchaus wünschenswerten Nebeneffekte *kreuzweise* zwischen Psychotherapie und Religion ergeben können. Das heißt, eine ausgezeichnete religiöse Betreuung vermag unter Umständen (und ganz unangepeilt) eine neurotische Verklemmung zu korrigieren, weil die überbordernde Urangst des Ratsuchenden eine Besänftigung erfährt. Umgekehrt vermag eine berührende psychotherapeutische Begleitung dazu beitragen, dass ein Patient sein Urvertrauen aufstockt und zu den Wurzeln seiner Gläubigkeit zurückfindet. Heilsame Wirkungen - auch heilsame Nebenwirkungen - in Gang zu setzen ist nicht die Aufgabe *einer* Disziplin allein!

ÄS 294, DuG 57/60/61

Frau Koteks Bild vom strafenden Gott

Ein typisches Beispiel für die kreuzweisen Effekt-Überschneidungen zwischen ärztlicher und religiöser Seelsorge ist ein Dialog, den Frankl mit einer hochbetagten Dame geführt hat, deren Lebensuhr am Ablaufen war. Er gab ihr den anonymen Namen „Kotek" (an einer anderen Textstelle nannte er sie „Linek"). Sie beteuerte zunächst, mit ihrem langen Leben zufrieden zu sein. Erzählte von schönen Erlebnissen. Mittendrin brachte sie auch „Schläge des Lebens" zur Sprache, die sie hatte einstecken müssen. Dabei fiel der Satz: „Verstehen Sie, Herr Professor, ich glaube, dass das Leiden eine Strafe ist. Ich glaube nämlich an Gott."

Frankl zögerte nicht, die religiöse Einstellung der Patientin in seine psychotherapeutische Behandlung einzubauen:

„Aber sagen Sie, Frau Kotek, kann das Leiden denn nicht auch eine Prüfung sein?

Kann es denn nicht auch sein, dass Gott hat sehen wollen, wie die Frau Kotek das Leiden trägt ...?"

Frankl half ihr auf die Sprünge, rückwirkend zu erkennen, dass sie tapfer getragen hat, was unumgänglich war, und dass dies *eine Leistung darstellte.* Nach dieser Revision des Gottesbildes kehrte er zurück zu den schönen Lebenserinnerungen der Patientin. Sie ruhten zwar in ihrer Vergangenheit, aber könnten sie aus ihrer Vergangenheit jemals herausfallen? Könnte ihr geraubt werden, was in Wahrheit ewig zu ihrem einzigartigen Leben dazugehörte: fleißiges Arbeiten, erblühte Freude, glückselige Stunden, spannende Abenteuer ... und das in Würde „abgeleistete" Schwere? Frau Kotek war eine einfache Frau, trotzdem begriff sie sofort Frankls Botschaft, und Stolz schwellte ihre Brust.

Sie starb mit den Worten auf den Lippen: „Mein Leben ist ein Denkmal, hat der Professor gesagt ... Mein Leben war nicht umsonst ..."

DuG 80/81, ÄS 311

„... und gehen, dem Herrn zu sagen ..."

Selbst dem Inferno entronnen, wurde Frankl zu einem „Anwalt" des leidenden Menschen. Dabei vollzog er einen Paradigmenwechsel. Er verwarf die allgemeine These, dass Mitleid, verständnisvolles Zuhören und Händchenhalten die besten Pflaster für seelische Wunden seien. Gewiss würden sie emotionale Wogen glätten. Dennoch würde ein geistiger Stachel weiter schwären: Hat das vom Leid überschattete Leben (noch) einen Sinn? Nur wenn darauf eine affirmative Antwort gefunden werden kann, ist das Trauma zu schultern, so Frankl.

Kraft dieser Überlegungen entwickelte er den „Leistungsaspekt" heroischen Leidens. Es ist eine der grandiosesten Möglichkeiten, Sinn zu erfüllen, indem man ein unabänderliches Leiden „aushält", ohne es wutentbrannt Unschuldige büßen zu lassen oder es sonst irgendwie destruktiv zu entladen. Ein Leiden grassiert in der Welt, wenn jeder es an den

Nächsten weiterreicht, … und auch wenn er es „bloß“ gegen sich selbst wendet und in Depression versinkt, ist dies kein erbauliches Vorbild. Frankl gefiel das (von Hugo Wolf vertonte) Gedicht von Julius Sturm:

„Über Nacht, über Nacht
kommen Freud und Leid,
und eh' du's gedacht,
verlassen dich beid',
und gehen, dem Herrn zu sagen,
wie du sie getragen.“

Tatsächlich: aufs Tragen kommt es an – darauf, wie man das Schicksal trägt, sobald man es nicht mehr in die Hand nehmen, vielmehr nur noch auf sich nehmen kann.

Die rechte, nämlich „aufrechte“ Haltung angesichts eines Leides imponiert. Warum? In ihr manifestiert sich die „Trotzmacht des menschlichen Geistes“, der die fieseste Schicksalsfügung noch sinnvoll zu gestalten vermag.

LsL 87

Wozu war das Kainszeichen gut?

Im literarischen Nachlass Frankls befinden sich einige Sätze, die so etwas wie ein „Menschheitsrezept“ beinhalten. Gleichsam unverdünnt enthalten sie das prinzipielle Konzentrat *der* Lösung für alle Kriegsherde unserer Erde. Dabei stehen die angekündigten Sätze nicht in einem Lehrbuch, sondern im Skript eines Theaterstückes, das Frankl unmittelbar nach dem Zweiten Weltkrieg verfasst hat.

Das Stück handelt von dem Brüderpaar Paul und Franz, das in einem Konzentrationslager gelandet ist und entsprechenden Folterungen und Beschämungen ausgesetzt ist. Vom Hunger geschwächt liegen beide danieder und träumen von einem „Leben danach“. Paul hat die Vision, dass er im Überlebensfall für die Bestrafung des „Gesindels“ sorgen will, das ihm all das gegenwärtige Leid antut. Er schwört auf Rache. Aber Franz interveniert mit der frappierenden Frage, wozu der Herrgott dem Kain, dem ersten Mörder unter den Menschen, wohl das

Kainszeichen aufgedrückt habe. Als Warnung? Aber nein! Damit dieser *nicht* mehr weiter gestraft werde … Was wäre denn sonst geschehen? Das Morden hätte nicht mehr aufgehört, ein Mord hätte den nächsten nach sich gezogen …

> **Endlich einmal soll die Kette des Bösen abgerissen werden! Wir wollen nicht wieder und immer wieder Unrecht mit Unrecht vergelten, Hass mit Hass erwidern und Gewalt mit Gewalt! Die Kette, Paul … Die muss endlich gesprengt werden!**

Unvermindert läuft die Kette des Bösen durch unsere Welt. Aber sie könnte gesprengt werden. Das Rezept wäre denkbar einfach und zugleich unendlich schwer: Kein „Aug um Aug und Zahn um Zahn“ mehr!

Mein Vorschlag: Wir könnten versuchen, bei uns zu Hause damit zu beginnen!

tJL 176

Die Möglichkeit zum Engel oder Teufel

Kann einem Menschen, dem Schlimmes widerfahren ist, wirklich abverlangt werden, auf Rachegelüste, Strafmaßnahmen oder irgendwelche „Retourkutschen“ zu verzichten? Übersteigt es nicht den Horizont des Menschenmöglichen, aufgestauten Hass zu begraben und Versöhnlichkeit „aus dem Hut zu zaubern“?

Frankl war alles andere als ein Illusionist. Mehrfach konstatierte er, dass die guten und anständigen Menschen ständig und überall in der Minderheit sind und sein werden. Was er im Lager jedoch hautnah erlebt hatte, war, dass sich die Häftlinge unter den herrschenden Extrembedingungen sozusagen „entlarvten“. Ihr „wahres Gesicht“ trat zum Vorschein. Während wir in der gewohnten Zivilisation unseren Charakter hinter der Fassade der alltäglichen Geschäftigkeit kaschieren können, entblößt er sich, sobald es um die nackte Existenz geht. Freud hat noch geglaubt, im Hexenkessel irgendwelcher Gewalten würden alle Eingekesselten auf ihre primitivsten Triebe zusammengeschliffen werden. Er irrte! Frankl (der ja im Hexenkessel war!) bezeugte, dass sich die Menschen dort differenzierten.

Was aber ist der Mensch? Er ist das Wesen, das immer – entscheidet! Und er entscheidet immer wieder, was er ist, was er im nächsten Augenblick sein wird. In ihm sind die Möglichkeiten zum Engel und zum Teufel.

Keine Frage, es gab die „Teufel“ im Konzentrationslager, und nicht nur unter den rohen SS-Leuten. Es kam auch vor, dass der eine oder andere Häftling einem Kameraden das letzte Stück Brot aus der Tasche gestohlen hat. Dennoch gab es auch die „Engel“ - sogar unter den SS-Leuten: Einige haben es riskiert, hin und wieder ein Stück Brot zu verschenken oder ein Medikament heimlich zuzustecken.

Dies mögen wir bedenken: Auch wir Heutigen können immer wieder neu entscheiden, was wir sind und was wir „im nächsten Augenblick“ sein werden.

DWS 73

Das religiöse Empfinden im KZ

Dass der Potenz nach die ganze Bandbreite zwischen Grausamkeit und Noblesse im menschlichen Wesen verankert ist, machte Frankl an der Tatsache fest, dass er im Konzentrationslager beides knallhart vor Augen hatte: diejenigen, die höhnisch die Gaskammern in Betrieb setzten, und diejenigen, die erhobenen Hauptes in sie hineingingen, das Vaterunser oder das jüdische Sterbegebet auf den Lippen.

Es wurde gebetet … Frankl berichtete, dass das religiöse Interesse der Häftlinge in überwiegendem Maße „denkbar innig“ war.

> **Der neu hinzugekommene Lagerinsasse wird oft nicht ohne Erschütterung von der Lebendigkeit und Tiefe religiösen Empfindens überrascht sein.**

Es wurden Gottesdienste in finsteren Lagerbaracken oder eisigen Viehwaggons improvisiert. Obwohl die Häftlinge halb verhungert, durchnässt und vor Kälte zitternd von den Baustellen zurückkehrten, wo sie bis zur äußersten Erschöpfung zu schuften gezwungen gewesen waren, nahmen sie gerne an diesen gemeinsamen Gebeten teil.

Viele von uns, die wir hier in Europa (einige Länder ausgenommen) seit Jahrzehnten in Frieden und Luxus leben, freie Wochenenden genießen, den Hunger nur vom Hörensagen kennen und den Winter in wohlig geheizten Räumen verbringen, vergessen im Unterschied dazu auf das Beten. Die Gottesdienste in unseren prachtvoll geschmückten Kirchen sind zumeist schlecht besucht.

Glauben wir wirklich, „keinen Gott mehr zu brauchen"? Wer weiß, vielleicht „brauchen" wir ihn dringender als jene, die selbst in größten Nöten sich an ihn gewandt haben.

DIM 218, tJL 59

War Gott „after Auschwitz" gestorben?

Als Frankl in den USA das Buch eines Rabbiners mit dem Titel „After Auschwitz" („Nach Auschwitz") in die Hände fiel, in dem behauptet wurde, für die ehemaligen Kriegsopfer sei Gott „gestorben", war er empört. Wie konnte der Autor, der selber nicht in Auschwitz war, solches behaupten? (Nebenbei bemerkt: Genauso gut könnte man die Theorie aufstellen, Gott sei für die Wohlstandskinder gestorben.)

Für Frankl war der Gottesglaube ein bedingungsloser oder keiner. Wolle man ihn angesichts von Dramen aufkündigen, dann müsse man nicht auf Tausende oder Millionen Tote warten, denen – aus menschlich beschränkter Warte – „Gott nicht geholfen hat". Frankl meinte, dann könne man schon beim ersten unschuldigen Kind, das misshandelt wird, kapitulieren. Ab welcher Zahl von Leidbetroffenen soll denn der Glaube verworfen werden?

Frankl variierte einen Aphorismus von La Rochefoucauld, als er schrieb:

> **Gleich dem kleinen Feuer, das vom Sturm gelöscht wird, während das große Feuer von ihm angefacht wird, wird der schwache Glaube von Katastrophen geschwächt, während der starke Glaube aus ihnen gestärkt hervorgeht.**

Zweifellos war Frankls Glaube und der zahlreicher seiner Schicksalsgenossen stark genug, „Gott after Auschwitz nicht sterben zu lassen". Was aber den Aufschrei angeht, wieso und warum Gott die fürchterlichen Dramen und Katastrophen in der Welt zulässt, hat Frankl seine eigenen Ideen dazu entwickelt. Sie fanden ihren Niederschlag in seinen Gedanken zu einer *metaklinischen Pathodizee*, an die wir uns in den beiden nächsten Kapiteln herantasten wollen.

DuG 97/98

Das Scheitern der Theodizee

Die uralte Frage, mit der schon Hiob gerungen hat, die Frage nämlich, warum ein gütiger Schöpfer eine Schöpfung voller Schmerz, Schuld, Tod und Verfall geschaffen habe, nennt man Theodizee. Allein, selbst Hiob hat schließlich verstummend erkannt, dass diese Frage unzulässig, weil „anthropomorph" ist. Sie projiziert menschliche Logik in eine Ebene jenseits menschlicher Logik, was naturgemäß zu Fehlinterpretationen führen muss. Es ist, als würde eine Ameise über einen Computer-Bildschirm krabbeln und sich fragen, warum der Mensch eine so glitschige Unterlage für sie fabriziert habe, auf der sie doch nur ausrutschen kann. Frankl sah in der Theodizee eine Anmaßung sondergleichen, so als könnten wir mit dem Schöpfer auf Augenhöhe konferieren. Als wären seine Wege hinterfragbar; als müsste er uns gar Rede und Antwort stehen.

Die einzige dem Menschen angemessene Haltung angesichts der Problematik ... der Theodizee ist die Einstellung des Hiob: der sich vor dem Geheimnis beugte – und, darüber hinaus, die Haltung des Sokrates, der zwar zu wissen vorgab, aber nur: dass er nichts weiß.

Das Leiden des Menschen ist nicht theologisch zu deuten, und wer sich darüber hinwegsetzt und es dennoch zu deuten versucht, muss zwangsläufig scheitern.

Die modernen Wissenschaften fördern zunehmend die Einsicht zutage, dass wir nicht einmal imstande sind, die uns umgebende Immanenz richtig zu deuten. Was wir für Farben halten, sind keine Farben, sondern nicht absorbierte Lichtreflexionen. Was wir für Hitze oder Kälte halten, sind weder Hitze noch Kälte, sondern Temperaturen bestimmten Grades usw. Wie wollen wir da Aussagen über die Transzendenz wagen?

Frankl hat sich das Prozedere des Scheiterns erspart, indem er kurz und bündig erklärte, dass es das Unsrige sei, *uns vor dem Geheimnis zu beugen.*

LuE 138/139, DIM 239

Das Leiden und die Sinnfrage

Nachdem sich Frankl von der Theodizee abgewandt hatte, nahm er die „Pathodizee" unter die philosophische Lupe: Kann das Leiden eines Menschen irgendeinen (erkennbaren) Sinn haben? Als Arzt hatte er ununterbrochen mit leidenden Patienten zu tun, dennoch bezeichnete er die Pathodizee als eine „metaklinische", weil sie nicht nur im Kontext von Krankheit und Klinikum aufbricht. Auch körperlich und psychisch gesunde Personen stoßen an Grenzen, tragen schwer an Frustrationen oder verstricken sich in belastende Fehden. Das Leid ist im ganzen innerweltlichen Spektrum verstreut, in jeder Familie daheim und mit keinem Riesenbesitz zu verjagen.

Doch da der Sinn transsubjektiv ist und nicht einfach erfunden oder ausfantasiert werden kann, entzieht auch er sich menschlichen Disputen. Wir können, wenn wir aufrichtig sind, keinen Sinn im Schmerz und im Leid sehen – Ende der Durchsage!

Damit ist nicht bewiesen, dass es einen solchen nicht *gäbe*. Schließlich sehen wir auch Galaxien nicht, die es gibt. Wenn also dem Leid ein „unsichtbarer“ Sinn eignet, dann entspringt er einer überweltlichen Dimension.

> **Das Leiden macht den Menschen hellsichtig und die Welt durchsichtig. Das Sein wird transparent hinein in eine metaphysische Dimensionalität ... Erst von der Überwelt her erhält menschliches Leiden seine letzte Sinngebung ...**

Demzufolge dirigierte Frankl die Sinnsuche seiner Patienten um. Sie mögen Sinn suchen (und können ihn auch finden) in einer bravourösen Handhabung ihrer Leidenssituationen und in gelassenen Einstellungen zu den traurigen Grenzerfahrungen, die ihnen auferlegt sind. Und – sie mögen sich in Abstinenz einüben bezüglich der Frage: „Warum?“!

LuE 136/140

Wer glaubt nicht an das Du des anderen?

Unsichtbar und dennoch existent ist so manches. Darunter auch das Du eines anderen Menschen. Im Du kondensiert sich der geistige Träger seiner psychophysischen Leiblichkeit.

Wenn wir zum Beispiel jemanden zum fröhlichen Gedankenaustausch begrüßen, dann schauen wir ihm wahrscheinlich in die Augen, vielleicht auch auf die Nasenspitze, oder betrachten kurz seinen Bartwuchs und seine Frisur. Wir sagen: „Ich freue mich, dich wiederzusehen!" Was wir da sagen, sagen wir aber *nicht* zu Augen, Nasenspitze oder Bart. Es ist auch *nicht* die Freude an Augen, Nasenspitze oder Bart, die wir fühlen. Vielmehr sprechen wir zum (unsichtbaren) Du der uns vertrauten Person. Und wir freuen uns an der Begegnung mit diesem (unsichtbaren) Du.

Zum Sprechen benützen wir unseren Mund, unsere Zunge, unsere Stimmbänder. Aber wiederum sind es weder unser Mund noch die Zunge, noch die Stimmbänder, die jemanden begrüßen. *Ein (unsichtbares) Ich ist es, das ein (unsichtbares) Du grüßt.* Das dünkt uns im Alltag selbstverständlich. Trotzdem kommen wir nicht umhin zu konstatieren, dass wir an ein Ich und an ein Du jenseits aller Materialisierung glauben - ein Leben lang.

Nun, Gott – der vom religiösen Menschen intendierte personale Gott – ist letztlich nichts anderes als gleichsam das Ur-Du.

Wieso wundern wir uns plötzlich, dass dieses Ur-Du nicht wahrnehmbar ist?

Seit Jahrtausenden sehnen wir uns nach einem Vehikel der Inkarnation. Aber ist es nicht unendlich tröstlich, sich jederzeit an dieses (unsichtbare) Ur-Du wenden zu können, ihm alle Sorgen anvertrauen zu dürfen und stets aufs Neue die Freude eines „Wiedersehens" zu fühlen, das keiner Augen - und keines weißhaarigen Großvaterbartes bedarf?

DWS 56

Der Partner unserer Selbstgespräche

Wenn nun das Misstrauen das Wiedersehen mit einem Du eintrübt? Wenn der Kontakt zu einem Ur-Du in Skepsis und Zweifel untergegangen ist?

Frankl brachte eine Definition von Gott zustande, die *niemanden* aus unserer Menschengemeinschaft ausschließt; und dies brachte er im zarten Alter von 15 Jahren zustande! Sie lautete:

> **„Gott ist der Partner unserer intimsten Selbstgespräche."**

Frankl erläutert dies folgendermaßen:

> **Wann immer wir ganz allein sind mit uns selbst, wann immer wir in letzter Einsamkeit und letzter Ehrlichkeit Zwiesprache halten mit uns selbst, ist es legitim, den Partner solcher Selbstgespräche Gott zu**

nennen – ungeachtet dessen, ob wir uns nun für atheistisch oder gläubig halten.

Bei dieser operationalen Definition ist es also irrelevant, ob jemand eine theistische oder atheistische Position einnimmt. Der Agnostiker ist eben überzeugt, mit sich selbst in Kommunikation zu treten. Nichts hindert ihn daran, seine Gedanken und Sorgen vor sein Ich zu bringen und mit sich selbst nach Trost und Beruhigung zu fahnden. Ob im Hintergrund dieser Zwiesprache ein Du aufleuchtet oder nicht, und ob das gespürt wird oder nicht, darf unberücksichtigt bleiben. Der Gläubige wird eher spüren, dass er in äußerster Einsamkeit nicht allein ist. Nie allein war. Nie allein sein wird. Doch auch der Gläubige wird gelegentlich von Unsicherheiten geplagt werden und sein Gespür verlieren. Wird mit sich selbst zu Rate gehen, was durchaus hilfreich sein kann. Frankl befand es für unwichtig, ob die „letzte" Einsamkeit eine Scheineinsamkeit ist oder nicht. Wozu darüber streiten?

Lächelnd meinte er, dass es Gott sicher nicht verärgert, wenn ihn jemand mit dem eigenen Selbst verwechselt.

LuE 281, DuG 96, DIM 219/220

Die Eigengesetzlichkeit alles Geistigen

Einer der Einwände der Skeptiker ist, dass sich die Vorstellung von einem Gott oder mehreren Göttern aus den Anfängen der Menschheit entwickelt habe, um das (damals unerklärliche) Wirken von Naturgewalten zu erklären. Donner und Blitz wurden zu göttlichen Zornausbrüchen, Erdbeben und Überschwemmungen zu göttlichen Züchtigungen für Ungehorsame usf. Diesen Interpretationen gemäß wurde die vermutete Gottheit mittels Riten und Opfergaben um Milde angefleht. Die Angst der Urvölker sei die Basis ihrer aufkeimenden Religiosität gewesen.

Frankl warnte davor, die „Eigengesetzlichkeit alles Geistigen" zu ignorieren. Geistige Leistungen dürfen nicht aus psychischen Wurzeln extrahiert oder auf sie reduziert werden. Malt zum Beispiel ein schizophrener Patient ein Ölgemälde, dann ist das Bild mehr als der Ausfluss einer verwirrten Psyche. Es hat seinen eigenen ästhetischen und künstlerischen Wert, unabhängig vom seelischen Zustand des Malers.

> **Auch wenn gelegentlich ... eine kulturelle Erscheinung sozusagen sekundär in den Dienst wesensfremder Motive und Interessen gestellt wird ..., ist der Wert des betreffenden geistigen Gebildes in und an sich noch lange nicht in Frage gestellt.**

Frankl kalauerte: Wer also Gottesvorstellungen als eine bloße Auswirkung von urtümlichen Befürchtungen deklariert, der verfällt in denselben Fehler, den jemand begeht, der „den Storch für ein Ammenmärchen" hält. Nur weil der Vogel früher fälschlich als Babyüberbringer gehandelt wurde, darf man „ihn nicht mit dem Bad ausgießen" und als rein erfundene Figur erachten.

ÄS 44

Inkongruenz von Vaterbild und Gottesbild

Eine andere Reduktion der Skeptiker ist die Rückführung des Gottesbildes einer Person auf ihr Vaterbild. Nach psychoanalytischer Denkweise sei insbesondere ein verzerrtes Gottesbild Ausgeburt einer gestörten Vaterbeziehung.

Frankl - kein Freund psychoanalytischen Denkens - beschloss, diese Hypothese experimentell zu überprüfen. Mithilfe seines Mitarbeiterstabes befragte er 36 Patienten seiner Krankenstation ausführlich über ihre Erinnerungen an ihren Vater. In 23 Fällen waren diese Erinnerungen positiv eingefärbt, in 13 Fällen nicht. Ein zweites Interview rankte sich um das Verhältnis der Patienten zu Gott.

Korrelierten nun die Vater- und Gottesbilder miteinander? Keineswegs. Von den 23 pädagogisch begünstigten Personen bezeichneten sich sieben als ungläubig. Von den 13 Personen hingegen, die unter Spannungen mit ihren Vätern aufgewachsen waren, bekannten sich elf zur Religion.

Obwohl dies keine sehr umfangreiche Statistik war, verwarf sie eindeutig die psychoanalytischen Spekulationen. Selbst wenn es einige Parallelen gab,

> **... würden wir demgegenüber die Wirkung einer Entscheidung [!] anzunehmen haben in den Fällen, in denen Vaterimago und Gottesbild *nicht* kongruent waren.**

Und das waren immerhin 18 von 36 Fällen - exakt die Hälfte! Wir haben schon mehrfach von der Entscheidungsmacht des Menschen gehört. In zahlreichen Variationen zeigt sich, dass sie als *die* ausschlaggebende Zutat mit dabei ist, wenn es um Ererbtes, Erfahrenes und Erlerntes geht. Das „innere Kind" im Menschen mag von seinen Eltern geprägt sein, aber der reife Erwachsene kann seine Prägungen abstreifen und eigene Wege beschreiten.

ÄS 50, DWS 128

Die Eltern hauchen nicht den Geist ein

Wie kommt es, dass Kinder derselben Eltern und aus demselben Erziehungsmilieu oft so unterschiedlich gedeihen? Was macht sie einander ähnlich, und was macht sie einander unähnlich?

Frankl antwortete mit Rekurs auf die verschiedenen Seinsdimensionen des Menschen. Biologisch ist das Würfelspiel des Schicksals am Werk. Bei einer einzigen Zeugung können laut theoretischen Berechnungen Billionen verschiedener Nachkommen entstehen. Normalerweise gewinnt einer davon das große Los: Die Chromosomen vermengen sich.

Die Eltern geben bei der Zeugung eines Kindes die Chromosomen her – aber sie hauchen nicht den Geist ein. Die Chromosomen bestimmen einzig und allein das Psychophysikum, aber nicht den Geist; sie bestimmen jeweils den psychophysischen Organismus, aber nicht die geistige Person.

Woher kommt dann das Geistige? „Das Geistige tritt irgendwie hinzu“, so Frankl. Mit diesem „irgendwie“ mutete er seinen nüchternen, rationalen Kollegen allerhand zu. Doch ließ er sich nicht davon abbringen, dass der Anfang jedes menschlichen Lebens ein Mysterium beinhaltet.

Nach dem Zeugungsakt ist die Pädagogik am Werk und zieht und formt, was da heranwächst. Erneut holt das Schicksal zum Würfeln aus, jetzt um die psychologischen und sozialen Bedingungen, unter denen das Kind heranwächst. Währenddessen „schläft“ das Geistige im Menschen und „wartet“ - auf sein allmähliches Erwachen. Wartet geduldig, bis sein Träger nicht mehr primär Resultat und Fremdwerk ist, sondern sich eines postpubertären Tages zum Schmied seines eigenen Lebenswerkes aufschwingt. Bis er sich als ein einzigartiges, unverwechselbares Novum entpuppt, unähnlich sämtlichen geschwisterlichen „Duplikaten“.

DIM 114/115/117/118

Am 7. Tag legte Gott die Hände in den Schoß

Was ontogenetisch (d. h.: in der Entwicklung eines Einzelwesens) passiert, passierte auch phylogenetisch (in der stammesgeschichtlichen Entwicklung). „Irgendwie" hat sich nach Ablauf von Millionen Jahren der Geist auf komplexe Organismen gesenkt, die evolutionär so weit entwickelt waren, dass sie als sein Werkzeug und Ausdrucksfeld verwendbar wurden. Es gibt ja auch beim Geigenbau jene luziden Augenblicke, in denen das werdende Instrument so weit vorbereitet ist, dass man ihm zum ersten Mal Töne entlocken kann. Ab diesem Moment senkt sich gleichsam die Musik „irgendwie" auf es nieder … Und wie beim Organismus, in dem man beim Aufschneiden „den Geist" nicht entdecken kann, findet sich auch die Musik nicht in einer „sezierten" Geige.

Im ersten biblischen Buch, der Genesis, ist die phylogenetische Menschwerdung auf den 6. Schöpfungstag datiert. Danach habe Gott geruht. Darauf

Bezug nehmend meinte Frankl, dass Gott „am 7. Tag die Hände in den Schoß gelegt habe",

> **und seither liegt es am Menschen, was er, der Mensch, aus sich macht. Gott? wartet ab und sieht zu, wie der Mensch die geschaffenen Möglichkeiten schöpferisch verwirklicht ... Noch wartet Gott, noch ruht er, noch ist es Sabbat: Sabbat in Permanenz.**

Es ist uns quasi „übergeben" worden, was wir dank unserer Geistigkeit aus uns und unserem Planeten machen. Auch die neu gebaute Geige wird einmal an einen Geiger übergeben. Was wird der Empfänger aus ihrem Klangpotenzial machen? Welche Art von Musik wird er zum Klingen bringen? Wird er behutsam mit ihr umgehen? Wird er sie beschädigen? Wird er sie nützen? Wird er sie verstauben lassen? Alles liegt bei ihm. Die Hände, die das Instrument mit all seinen Möglichkeiten geschaffen haben, ruhen – zumindest was die übergebene Geige betrifft. Sie greifen nicht mehr korrigierend ein ...

DIM 97

Blickt Gott auf uns herab?

Ich gebe zu, dass meine Geigenmetapher ein wenig hinkt. Dem Geigenbauer mag es egal sein, was nach dem Verkauf mit seinem Produkt geschieht. Eine derartige Nonchalance können wir nicht himmelwärts transportieren. Für Frankl war Gottes Blick „allgegenwärtig", und dem „Noch wartet Gott" fügte er in mehrfachen Varianten ein „Doch erwartet Gott …" hinzu.

Sehr berührend liest sich dies in seinem Bericht über die Gefangenschaft im Konzentrationslager. Dort hat sich Frankl in seiner Funktion als Seelenarzt wiederholt bemüht, die gepeinigten Mitgefangenen aufzurichten und ihnen Mut und Durchhaltevermögen zuzusprechen. U. a. sagte er ihnen in einem nächtlichen „Therapiegespräch", dass auf jeden von ihnen jemand herabblicke,

… ein Freund, eine Frau, ein Lebender oder ein Toter – oder ein Gott. Und er erwarte

von uns, dass wir ihn nicht enttäuschen und dass wir nicht armselig, sondern stolz zu leiden und zu sterben verstehen!

Frankl erkannte, dass es nicht nur der Albtraum der Männer war, in kürzester Zeit qualvoll zugrunde zu gehen, sondern dass ihnen darüber hinaus alles sinnlos erschien. Es gab nichts, was sie tun konnten, um ihrem Elend zu entrinnen. Deshalb offerierte Frankl ihnen eine denkbare Sinngestalt: Sie konnten die Erwartung einer imaginierten geliebten Person erfüllen und „ihr zuliebe" das Leiden und Sterben in Selbstachtung vollziehen. Umgeben von Schurken und Henkersknechten konnten sie trotzdem „Niveau halten" bis zuletzt.

War das eine glatte Überforderung oder das rechte Wort im rechten Augenblick? Laut Bericht humpelten die zerlumpten Männer zu Frankls Platz und bedankten sich unter Tränen.

Auf der Theaterbühne geblendet

Die Idee von „Gottes allgegenwärtigem Blick“ hat sich in einem Gleichnis von Frankl niedergeschlagen, das er mit großem Ernst vorzutragen pflegte. Gleich in drei Büchern hat er es erwähnt.

Darin forderte er den Zuhörer bzw. Leser auf, sich in die Lage eines Schauspielers auf einer Theaterbühne zu versetzen. Bekanntlich wird die Bühne auch als „die Bretter, die die Welt bedeuten“, umschrieben. Der Schauspieler, der auf solchen „Brettern“ agiert, steht stellvertretend für jedermann (und jede Frau) da.

Aber er steht noch in einem anderen Zusammenhang da. Das Rampenlicht, das voll auf ihn gerichtet ist, blendet ihn, weshalb er kaum etwas vom Zuschauerraum wahrnimmt. Das soll er auch gar nicht, denn das würde ihn von seiner Rolle ablenken; und er muss sich konzentrieren. Folglich sieht der Schauspieler, wie Frankl hervorhob, im Allgemeinen ein „großes, schwarzes Loch“ vor sich. Dennoch weiß er, dass Zuschauer im Saal sind, die sein Spiel aufmerksam beobachten.

Frankl fragte: Ergeht es dem Menschen nicht ähnlich wie dem Schauspieler? Ist er nicht von der Alltäglichkeit so geblendet, dass er nicht wahrnimmt, vor wem er mehr oder weniger verantwortlich seine „Rolle" spielt?

> **Genau dort, wo wir „nichts" sehen, genau dort sitzt der große Zuschauer und sieht uns zu, unverwandt ... Gebt acht! – Ihr steht vor offenem Vorhang!**

Der Schauspieler weiß Bescheid. Er ist sich bewusst, dass sein bestes Können gefordert ist. Und wir Menschen? Hapert es mit diesem Bewusstsein, dann hapert es auch mit unserem besten Können ...

LuE 113, DWS 86/87, DuG 92

Alle religiösen Aussagen sind Analogien

Wir haben einige Gleichnisse erörtert in der Hoffnung, dass sie zum Verständnis beitragen. Das ist einerseits problematisch und andererseits unumgänglich. Schon die Bibel ist voller Gleichnisse.

Das große Problem dabei ist, dass religiöse Symbole etwas beschreiben, das unbeschreiblich ist, und dass manchmal diese Unbeschreiblichkeit über der Symbolik vergessen wird. Frankl brachte als Beispiel erneut ein Gleichnis: nämlich das Gleichnis vom unsichtbaren Luftraum um und über uns. Wir können Luft nicht sehen, nicht zeichnen, nicht darstellen. Wie behalfen sich die Maler und Grafiker seit eh und je bei ihren Landschaftsbildern? Sie malten weiße oder graue Wölkchen auf blauem Grund.

Und doch sind gerade die – sichtbaren – Wolken das Symbol des – unsichtbaren – Himmels ... So wird denn im Allgemeinen

auch das Göttliche symbolisiert mit Hilfe von etwas, das es nicht ist …

Wir können uns dem Rätsel des Absoluten nur stümperhaft annähern und dürfen deswegen religiöse Symbole nicht überstrapazieren. Auch religiöse Formulierungen und Aussagen sind stets mit menschlichen Zügen „bekleckert“ und gelten nur „in Analogie“. Sagt man etwa, Gott sei gütig, gnädig etc., so stimmt das und stimmt auch wieder nicht. Denn Qualitätsattribute kommen Dingen und Lebewesen zu. Aber Gott ist kein Ding unter Dingen und kein Lebewesen unter Lebewesen.

Trotzdem plädierte Frankl dafür, den anschaulich-symbolischen Weg beizubehalten. Für ihn war das Bedürfnis, Symbole zu benützen, wo Worte nicht ausreichen, in die „condition humaine“ („menschliche Natur“) eingebettet und daher eine „erlaubte Notbrücke“ des menschlichen Geistes.

LuE 112, DuG 93, DIM 236

Negative Theologie, negative Noologie

Wollte man alle anthropomorphen Fangstricke vermeiden, müsste man sich auf eine „negative Theologie“ zurückziehen, die sich lediglich auf Aussagen beschränkt, was Gott *nicht* ist und *nicht* sein kann. Darunter könnte man sämtliche Gottesbilder subsumieren, sowie sämtliche Gottesunterstellungen, was „er?“ will, vorhat, bezweckt, tut oder noch tun wird. Leider würde uns das von „ihm?“ eher entfremden, was dafür spricht, persönliche Gottesbilder nicht anzutasten, sofern sie nicht pathologisch, pathogen, aggressiv, gefährlich oder kämpferisch sind.

Frankl baute in sein Gedankengut eine Parallelität in Bezug auf den „Nous“ (= die Geistigkeit der Person) ein, indem er von einer „negativen Noologie“ sprach:

Diese *negative Noologie* kann von der Existenz der geistigen Person jenseits de-

ren Ko-existenz mit dem Psychophysikum nur eines aussagen: Sterblich ist sie nicht.

Grabfunde aus den frühesten Zeiten der Menschheitsgeschichte erzählen bereits von der Überzeugung, dass die „Seele“ (in alter Diktion) unsterblich sei. Desgleichen im 20. Jahrhundert n. Chr. zu propagieren, war allerdings kühn. Doch Frankl argumentierte damit, dass Geistiges „im Raume nirgends ist, also auch nicht im Grabe“. Schließlich stirbt auch die Musik nicht mit einer zerbrochenen Geige …

Materie hat ihr Werden und ihr Vergehen. Ob es sich um Sterne handelt, die verglühen, oder um Veilchen, die verblühen ...

Geistiges hingegen kann laut seiner Definition nur jenseits von Raum und Zeit gedacht werden. Auch wenn es sich im menschlichen Wesen zu einer Personalunion *in Raum* und *auf Zeit* verbindet, verliert es seine „Jenseitigkeit“ nicht. Für Frankl war sicher: Wie die Person un-zeugbar ist, so ist sie auch un-sterblich.

DIM 134, TTN 224

Kritik an der Theorie der Seelenwanderung

Frankl, der sehr offen war für andere Religionen, distanzierte sich vom Glauben an eine Seelenwanderung. Oder in Umwandlung des alten Seelenbegriffs: vom Glauben an eine „Wanderung geistiger Personen". Seine Kritik daran war eine doppelte. Zum einen monierte er, dass sich in diese Theorie eine Art „Geister"-Glaube eingeschlichen habe, der Anleihen an Spiritismus und Okkultismus mache. Zum anderen verwies er auf eine philosophische Widersprüchlichkeit.

Wenn Geistiges „per se" („an sich") jenseits von Raum und Zeit angesiedelt ist und sich nur in der Personalunion mit dem Leibseelischen *in* Raum und *auf* Zeit verbindet, dann bedeutet dies, dass der Mensch mit seiner Zeugung in die Zeit eintritt und im Augenblick seines Todes aus ihr heraustritt. Er gewinnt die Zeit - und er verliert sie wieder; und dazwischen pulsiert sein Leben. Ein „nach seinem Tod" oder „vor seiner Zeugung" gibt es folglich gar nicht, weil „nach“ und „vor“ Zeit-bezogene Worte sind, die ausschließlich in ein Dasein in Raum und Zeit passen.

> **Wo es keine Zeit, wo es weder Vergangenheit noch Zukunft gibt, dort verliert aber auch alles Gerede von „früher“ oder „später“ ... seinen Sinn ... Damit erledigt sich alles Gerede von wiederholten Existenzen von selbst.**

Frankl mahnte zur Bescheidenheit. Freilich würden wir gerne den Schleier lüften, der über der geheimnisvollen „jenseitigen“ Zeit- und Raumlosigkeit liegt … Das ist uns nicht gewährt. Nur eines ist uns gewährt: Wir können noch Du sagen zu einem Toten. Wir können ihn weiterhin lieben. Aber niemand sagt Du zu einer Leiche, niemand liebt verfaulendes Fleisch. Geistige Personen können miteinander kommunizieren – über die Grenzen des Irdischen hinaus.

DIM 129/131/133/134

Einwände gegen einen „Monismus"

Frankl erteilte jenen Weltanschauungen eine Absage, die „monistisch" sind, wie er sie bezeichnete, also im Unterschied zur pluralistischen Weltanschauung nur eine einzige Seinsform zulassen. Dazu gehören der *Materialismus*, der die gesamte Seinswirklichkeit auf das Physikalische reduziert, und der *Spiritualismus*, der sie wiederum allein aus dem Geistigen deduzieren will.

Überraschenderweise erklärte Frankl den *Spiritismus* (nicht zu verwechseln mit dem Spiritualismus!) zu einer Art Zwitterbildung zwischen beiden monistischen Irrwegen. Der Spiritismus habe zwar ein „spiritualistisches Outfit", versuche aber hinter dem Geistigen etwas Quasi-Materielles zum Vorschein zu bringen. Da wird mit Astralleibern, Schwingungen, Strahlen, Einflüssen von astrologischen Konstellationen und dergleichen operiert. Für Frankl waren Spiritisten „Pseudometaphysiker", die zwar Geistiges voraussetzen, es aber behandeln, als ob es Physisches wäre.

Im Gegensatz zu ihnen zweifeln Materialisten von vornherein an allem Geistigen. Freude, Hoffnung, Sehnsucht usw. sind ihnen gemäß nichts als Molekültänze und Quantensprünge. Frankl geißelte dieses „nichts als", in dem sich stets eine extreme Einseitigkeit enttarnt. Auch die seriöse Physik habe nicht das Recht, aus ihren Erkenntnissen Schlüsse auf das Gesamtsein der Welt zu ziehen. Wahre Metaphysik müsse sich dagegen verwehren.

Frankl nannte das monistische Weltbild im Gewande moderner physikalischer Forschungsergebnisse eine kollektivpsychologische Wurzel, aus der sich insbesondere die spiritistische Pseudometaphysik speise:

Der Mensch hat entweder einen Glauben oder einen Aberglauben. Und je weniger vom Geist die Rede ist, umso mehr wird von Geistern gesprochen.

DIM 78/79/80

Frankls Konzeption von einem „Übersinn"

Um in das Labyrinth der verschiedenen Lehr- und Vulgärmeinungen ein wenig Licht und Redlichkeit zu bringen, hat Frankl ein Konzept geschaffen, das ihm Anerkennung von höchsten kirchlichen und universitären Stellen eingebracht hat. Er berief sich dabei auf Kant, Einstein, Tillich und Wittgenstein. Von dem protestantischen Theologen Paul Tillich stammt der Satz: „Religiös sein heißt, leidenschaftlich die Frage nach dem Sinn zu stellen." Immanuel Kant hat dargelegt, dass wir die Sinnfrage gar nicht stellen würden, gäbe es nicht eine Art Vorwissen um den Sinn. Albert Einstein war es, der gesagt hat, dass jeder Mensch, der eine Antwort auf die Sinnfrage gefunden hat, ein religiöser Mensch sei. Ludwig Wittgenstein behauptete kurz und bündig: „An Gott glauben heißt sehen, dass das Leben einen Sinn hat."

Frankl, der psychiatrische und psychologische „Spezialist für Sinnfragen", reihte sich in diese Bekenntnisse ein und legte dar, dass ein *umfassender Sinnglaube,* der sich noch im Vorfeld vor jeder Verzweigung – in heidnische Religionen, Offenbarungsreligionen oder selbst in religionsfeindliche Positionen – bewegt, identisch sei mit einem Gottesglauben. Deshalb würde sich seine Logotherapie nicht nur mit des Menschen „Willen zum Sinn" befassen,

> **... sondern auch mit dem Willen zu einem letzten Sinn, einem Über-Sinn, wie ich ihn zu nennen pflege, und der religiöse Glaube ist letzten Endes ein Glauben an den Übersinn – ein Vertrauen auf den Übersinn.**

Doch Achtung: „Übersinn" hat mit „Übersinnlichem" null zu tun, wie Frankl versicherte. Das „Über" im Begriff „Übersinn" drückt lediglich aus, dass ein Sinn erwogen wird, der (unendlich) „über" menschliches Begreifen hinausreicht.

LsL 103/104, DuG 99

Denknotwendigkeit und Denkunmöglichkeit

Wer sich hin und wieder tiefere Gedanken macht, stößt irgendwann auf die Frage nach dem Wozu des ganzen Universums. Vielleicht liegt der Betreffende in einer lauen Sommernacht im Liegestuhl auf einer Terrasse und träumt sich ins Sternenpanorama hinauf. Vielleicht segelt der Betreffende über das offene Meer und schickt seinen Esprit mit den sanft plätschernden Wellen auf Reisen. Oder er lauscht dem Heulen von winterlichen Sturmböen, die an sein Fenster klopfen und es mit Eisblumen besprenkeln. Einmal hält fast jeder Einkehr. *Wieso und warum gibt es, was es gibt?* Der Sinn des Ganzen ist nicht fassbar ... So wie der Zweig nicht den Sinn des ganzen Baumes erfassen kann, um Blaise Pascal zu zitieren.

Frankl knüpfte an Kants – unbeweisbare, aber notwendige – Postulate der praktischen Vernunft (die Idee der Freiheit, die Idee Gottes etc.) an, als er über den Sinn des Ganzen, den „Übersinn", schrieb:

Wir könnten daher den Sinn des Weltganzen höchstens in der Form eines sogenannten Grenzbegriffes fassen ..., er stellte eine Denknotwendigkeit und trotzdem gleichzeitig eine Denkunmöglichkeit dar – eine Antinomie, um die nur ein Glauben herumkommt.

Man könnte die „Leistung" des Glaubens geradezu damit definieren, dass er Denkunmögliches mit Denknotwendigem versöhnt. Dass er die Unrast des Herzens befriedet. Dass er sozusagen Antworten auf Unbeantwortbares vorrätig hat, die zwar in ihrer Bildhaftigkeit vom Denken abrücken, dafür aber das menschliche Begreifenslimit mit einkalkulieren.

Kant schrieb, der gestirnte Himmel über ihm und das Sittengesetz in ihm ließen ihn an einen Gott glauben. Vielleicht sollten wir (statt ins Internet) öfter ins nächtliche Firmament über uns hinaufschauen. Oder mit den Augen über die glitzernden Wasser des Ozeans gleiten. Oder uns vom peitschenden Sturm imponieren lassen. Einkehrmomente, in denen wir in Faszination versunken innehalten, machen uns – gläubig.

ÄS 72

Bedeutet „unwissbar" auch „unglaublich"?

Ein geflügeltes Wort lautet: „Glauben heißt: nicht wissen." Dieses Wort fängt jedoch nur die halbe Wahrheit ein, worauf uns Frankl aufmerksam gemacht hat.

Hat sich alles, was ist, durch irgendwelche absurden Zufälle entwickelt und geht es durch weitere absurde Zufälle wieder kaputt? Im Klartext: Ist das Sein ein einziger großer Unsinn? Oder war „im Anfang" der Logos, war ein jegliche Vorstellung überschreitender Übersinn, der immer noch waltet und alles Sein durch die Äonen geleitet? Wir wissen: Die Naturwissenschaften können uns diesbezüglich keine Aufklärungshilfe bieten. Der menschliche Intellekt kann nicht herausbekommen, ob das eine oder das andere richtig ist.

Frankl sprach von zwei Waagschalen, auf denen die beiden Alternativen liegen: ein einziger großer Unsinn – ein alles überschreitender Übersinn. Aus wissenschaftlicher Perspektive wiegen beide Waagschalen gleich schwer …

Dann aber geschieht etwas. Der einzelne Mensch wirft in einer (nicht intellektuellen, sondern) existentiellen Entscheidung, in einem *Glaubensakt,* das Gewicht seines eigenen Seins mit auf eine der beiden Waagschalen – und siehe: Diese eine wiegt schwerer.

> **… der Glaube ist nicht ein Denken, vermindert um die Realität des Gedachten, sondern ein Denken, vermehrt um die Existentialität des Denkenden.**

Die Entscheidung der Person ist es also, von der abhängt, ob sie ihr Leben vollzieht, als wäre es im Grunde ein vorübergehender, teils anstrengender, teils amüsanter Unfug – oder als wäre es vom Logos durchweht. Deshalb müsste das oben genannte Sprichwort (inklusive der zweiten Hälfte der Wahrheit) eigentlich lauten: „Glauben heißt: nicht wissen und sich trotzdem aus voller Überzeugung und mit allen Konsequenzen entscheiden."

DIM 124, DSP 124, DuG 91/92/100

Vom „Übersinn" zum „Übersein"

Fällt die Entscheidung einer Person zugunsten der Waagschale, auf der der „Übersinn" liegt – wie immer sie ihn bezeichnen mag –, dann bezieht ihr Glaube notwendigerweise ein „Übersein" mit ein. Denn dann kann das vom Logos „abgesegnete" Sein nicht dem totalen Verfall preisgegeben sein. Dann muss es eine transzendente „Ewigkeit" geben, in der aufgehoben ist, was „vom Sinn berührt worden ist".

Frankl spann diese Überlegung zu einer erstaunlichen Schlussfolgerung weiter. Schon im Rahmen unseres begrenzten menschlichen Vorstellungsvermögens gibt es ja eine „Ewigkeit", aus der nichts Gewesenes mehr herausfallen kann, und das ist die Vergangenheit. Keine unserer Taten kann mehr ungeschehen gemacht werden, keines unserer Erlebnisse wird aus unserer Vergangenheit jemals herausgeschnitten werden, unser ganzes Leben gerinnt zu unserer Lebensgeschichte. Und diese kann selbst der mächtige Gevatter Tod weder umschreiben noch löschen. Im Tod, so Frankl, *hat* der Mensch sein Leben nicht mehr, er

> **... *ist* ... sein gelebtes Leben; er *ist* seine eigene Geschichte, sowohl die ihm geschehene als auch die von ihm geschaffene. Und so *ist* er auch sein eigener Himmel und seine eigene Hölle, je nachdem.**

Offenbar ist „das Gewesensein die sicherste Form von Sein", wie Frankl mehrfach betont hat. Denn Zukunft und Gegenwart reißen am Ende des Lebensflusses ab, doch die Vergangenheit bleibt unangetastet „ewig" wahr. In ihr ist alles vor dem Verfall geschützt. Und das gleichgültig, ob es noch jemanden gibt, der sie kennt und von ihr weiß – oder nicht mehr. Zwar wird in unserer menschlichen Welt alles vergessen, aber der „Übersinn" vergisst nichts, so unser Glaube ...

DWS 46, LuE 142, tJL 124/125

Der Glaube macht schöpferisch

Entscheidet sich jemand für die Waagschale, auf der „Alles ist ein einziger großer Unsinn“ bzw. „Alles ist im Prinzip sinnlos“ liegt, beeinflusst dies zwangsläufig seinen Lebensstil. Für ihn bleibt nur der Lauf seiner verfliegenden Tage übrig, sonst nichts. In diesem „existentiellen Vakuum“ wird der Betreffende seine ganze Energie oft darauf verwenden, aus seinen flüchtigen Tagen so viel Lust und Vergnügen herauszuholen wie nur möglich, um der beschränkten Quantität zumindest ein wenig Qualität beizufügen. Aber leider verfliegen Lust und Vergnügen auch recht schnell. Beklemmung, Wehmut, Angst und Apathie nehmen zu …

Wenn Frankl beteuerte, dass demgegenüber der Glaube an einen „Übersinn“ von eminent psychohygienischer Bedeutung ist, sprach er als erfahrener Psychiater und Psychotherapeut.

> **Als echter Glaube innerer Stärke entspringend, macht er stärker. Für solchen Glauben gibt es letzten Endes nichts Sinnloses. Nichts kann ihm „vergeblich“ erscheinen –**

Ich möchte mich Frankls Erfahrungen anschließen. Gläubige Menschen sind nicht auf Lust und Vergnügen angewiesen, um ihr Leben bejahen zu können. Sie schaffen es häufig, mit persönlichen Tragödien schöpferisch umzugehen. Das Auf und Ab ihrer Befindlichkeit wird vertrauensvoll in höhere Zusammenhänge eingegliedert. Auch ihnen verfliegen die Tage, aber ihre Werke haben ihren Sinn, wenn sie „gute Werke“ waren, und ihre „Liebe“ hat ihren Sinn, wenn sie verausgabt worden ist. Erinnern wir uns an Frau Koteks letzte Worte: „Mein Leben war nicht umsonst …“ Der Glaube macht's möglich!

ÄS 75

Die Wolke schwebte dem Volk voraus …

Frankl hat den Sinn als einen „Schrittmacher des Seins" bezeichnet. Damit wollte er ausdrücken, dass der Sinn dem Sein stets *voraus* ist, dass er das Sein gleichsam „animiert", ihm zu folgen. Das mag beim „Urknall" so gewesen sein, und das spielt sich im gelingenden Leben des einzelnen Menschen ähnlich ab. Leben gelingt ja nicht deswegen, weil es gemächlich dahindümpelt. Sich im inneren Gleichgewicht und in seelischer Ruhelage zu halten, ist kein anstrebenswertes Ziel (auch wenn es Psycho-Gurus gibt, die dafür werben). Erfülltes Leben vibriert in einer gesunden Spannung zwischen Faktizität und Idealität, zwischen dem, was *ist*, und dem, was sinnvollerweise *sein und werden soll*. Zahlreiche Studien belegen: Es stellt den Menschen nicht zufrieden, seine Triebe abstillen zu können und sich ansonsten bequem zurückzulehnen. Geistige Stagnation macht faul und träge.

Testuntersuchungen, die in den USA durchgeführt wurden, haben ergeben, dass der logotherapeutische Grundbegriff der Sinnorientiertheit sogar das vorzüglichste Kriterium seelischer Gesundheit darstellt.

Was im Kleinen gilt, gilt im Großen (und umgekehrt), wie Frankl anhand einer biblischen Begebenheit veranschaulicht hat. Dort heißt es nämlich, Gott schritt dem Volke Israel bei seiner Wanderung durch die Wüste in Form einer Wolke voraus. Dieser Wolke (dem „Übersinn") folgend fand das Volk „den Ort seiner Bestimmung". Frankl fragte: Was wäre denn geschehen, wenn die Wolke *nicht* vorausgeschwebt wäre? Wenn sie über den Köpfen der Wanderer stehen geblieben oder gar auf sie hinabgesunken wäre? Das Volk hätte seine Orientierung verloren und wäre schlimmstenfalls eingenebelt worden.

Wie gut, wenn auch uns auf unseren steinigen Pfaden durchs Leben etwas Sinnvolles „vorschwebt" …

ÄS 113

Der „Übersinn“ setzt sich durch

Trotz obiger Parallele zwischen „Großem“ und „Kleinem“ ist es in der Praxis wichtig, zwischen dem kleinen Sinn im menschlichen Hier und Jetzt und dem über alles menschliche Fassungsvermögen hinausragenden Sinn des Ganzen sorgfältig zu unterscheiden. Denn der kleine Sinn in unserer Verstehensebene ist uns anvertraut, ist in unseren Verantwortungsbereich gelegt. Er ist die Insignie, mit der wir zum „Mitschöpfer“ ernannt worden sind. Das ist jedoch kein Grund zum überschwänglich auflodernden Hochmut. Denn der „Übersinn“, so Frankl, setzt sich immer durch,

> **... unabhängig von meinem Tun und Lassen; entweder mit oder ohne mein Dazutun, entweder mit meiner Mitwirkung oder unter Umgehung meiner.**

Das klingt verwirrend widersprüchlich, was an einer unzulässigen Kontaminierung der menschlichen mit der göttlichen Ebene liegt. *Unseres* ist es, uns im Handeln an den uns vorschwebenden Sinn zu halten. Unser Handeln ist sinnvoll oder sinnwidrig, und beides hat gravierende Auswirkungen auf Erden. Diese unsere Verantwortung ist nicht delegierbar, auch nicht an den Schöpfer höchstpersönlich.

Trotzdem können wir uns darauf verlassen, dass sich die Geschichte des „Übersinns" – von unserem Handeln unabhängig – erfüllt,

> **... entweder durch meine Unternehmungen hindurch – oder über meine Unterlassungen hinweg.**

Der Glaube erzieht nicht zum Fatalismus – aber zur Demut.

DIM 202, LuE 141/142

Sind Gottesbeweise Gotteslästerungen?

Was auf den beiden „Waagschalen“ im Franklschen Bild liegt, ist beides weder verifizierbar noch falsifizierbar, wie wir gehört haben. Auch die Zweifler haben keine einleuchtenden Argumente für ein Dasein ohne Sinngrund. Sie haben sogar das natürliche Empfinden von Heerscharen von Menschen gegen sich.

Frankl entband diese Heerscharen von einer wie immer gearteten „Pflicht“, ihr Empfinden durch irgendwelche logischen Nachweise zu rechtfertigen.

Auf den Schultern des an einen Übersinn Glaubenden ruht nicht die Beweislast, sondern nur die Last der Unbeweisbarkeit dieses Übersinns.

Sogenannte Gottesbeweise waren nach Frankls Ansicht eher Gotteslästerungen. Denn was sollten sie beweisen? Nur Innerweltliches lässt sich beweisen.

Nur auf Naturereignisse kann der Verstand messerscharf schließen. Man kann mittels physikalischer Versuchsreihen die Schwerkraft beweisen. Man kann mittels versteckter Kameras das Beuteverfahren von Tieren beweisen. Aber Gott ist keine Kraft unter Kräften, kein Tier unter Tieren … Und wenn es um „alles" geht bzw. um den Gesamtplan von „allem" - wie will man per Experiment etwas darüber feststellen, wenn das „alles" sich allem Menschlichen entzieht?

Die Uneinsehbarkeit der „Sinnfülle von allem" ist es, die wir zu tragen haben. Nicht weniger, aber auch nicht mehr. Dass die Astronauten auf ihren Raumfahrten Gott bisher nicht begegnet sind, ist jedenfalls außerordentlich tröstlich. An einen im All herumspazierenden Gott möchte wohl niemand von uns ernsthaft glauben.

DIM 201, DWS 53

Gott immer schweigend – immer gerufen

Gott ist nicht nur für Astronauten, sondern auch für den religiösen Menschen nicht einfach „findbar". Frankl hat Religiosität u. a. als

> **das Erleben der eigenen Fragmentarität und Relativität des Menschen auf dem Hintergrund des Nicht-Fragmentarischen und Nicht-Relativen (= Absoluten)**

definiert, eine sehr komplizierte Definition. In Kürze drückt sie aus, dass sich der Religiöse in der *verborgenen* Transzendenz durchaus *geborgen* weiß.

Es gibt in der Psychologie ein vergleichbares Phänomen. Nämlich, dass Menschen „das Gesuchte" in sich haben, aber nicht das „Gefundene". Zum Beispiel möchte eine Mutter ihren Kindern die besten Wachstumschancen und das schönste Zuhause bereiten. Dieses „Gesuchte" wohnt in der Mutter. Finden wird sie es nicht, denn alle mütterlichen Aktivitäten sind eben fragmentarisch und relativ.

Diese Mutter wird Fehler machen wie andere Mütter auch. Das Zuhause ihrer Kinder wird „Ecken und Kanten" haben. Doch solange das „Gesuchte" noch in ihr wohnt, wird sie sich intensiv um ihre Kinder bemühen, und das ist doch großartig! Düster wird es erst dann, wenn Menschen kein „Gesuchtes" mehr in sich haben.

Beim Gottsuchenden ist es genauso. Das Suchen ist seine „Rückbindung". Das *Suchen* ist die Basis seines Glaubens, und zwar ein Suchen frei von dem verwegenen Anspruch, *finden* zu können ... Nach Frankl ist ihm das Gesuchte nur „gegeben in Dassheit und nicht in Was-heit".

So ist Gott für den religiösen Menschen der immer Schweigende – aber auch der immer Gerufene. Und so ist Gott für den religiösen Menschen das niemals Aussprechbare – aber auch das je schon Angesprochene.

Dass Gott schweigt, ist mehr Glaubensbestätigung als Glaubenshindernis.

ÄS 313, Anm. 1

Wie tief ist der Meeresboden?

Für Frankl gab es nur eine einzige große „Glaubenswahrheit", nämlich die „Wahrhaftigkeit des Glaubens". Die Wahrhaftigkeit echten Suchens. Die in der Realität des Lebens vollzogene Religiosität, die auf nichts spekuliert. Nicht auf Vorzeige-Demonstration, nicht auf Belohnung und nicht darauf, im Besitz der alleinigen Wahrheit zu sein. Vielleicht ist es ja so, dass wir Gott überhaupt nicht zu finden brauchen (wie es manche Metaphysiker versuchen), weil *er uns längst gefunden hat.*

Frankl bot jenen Metaphysikern, die „dem Dasein auf den Grund gehen wollen", ein Gleichnis zum Umdenken an. Will man irgendwo die Tiefe des Meeresbodens bestimmen, sendet man Schallwellen aus und misst die Zeit, die bis zum Eintreffen des Echos verstreicht (= Urform des Radarprinzips). Im Unterschied zum Meer ist das Dasein jedoch bodenlos. Diesbezüglich kann man so viele Signale aussenden, wie man will – niemand steht uns für ein „Antwortecho“ zur Verfügung. Aber, so Frankl, wäre das nicht eine merkwürdige Unendlichkeit, von deren endlichem Boden Signale zurückhallen würden?

> **... vom unendlich fernen ... Grund des Seins her wird uns nur dann keine Antwort zuteil, wenn wir unsere Fragen – richtig adressiert haben. Denn dann bleiben wir gerade deshalb ohne Antwort, weil unsere Fragen – das Unendliche erreicht haben.**

Im Fazit ging es Frankl darum, das Gottesbild zu weiten und von naiven Projektionen aus unserem menschlichen Miteinander zu säubern. Jedem sei es unbenommen, sich den Adressaten seiner tiefsten und inbrünstigsten Fragen im Personenkleid auszumalen, solange er sich bewusst bleibt, dass es Malerei ist. Nicht anders als die Wandgemälde von den Engeln in den Kirchen.

DWS 58

Bedenken bezüglich des Begriffs „Gotteskindschaft"

Frankl hat mit eindringlichen Worten dagegen protestiert, sich Gott gegenüber zu viel anzumaßen. Selbst zu dem an Sonntagen Millionen Kehlen entsteigenden „Vater unser" – zweifellos eines der schönsten und innigsten Gebete, die jemals ersonnen wurden – wahrte er eine gewisse Reserviertheit. Seine Bedenken gründeten in der Tatsache, dass jedes normale Kind heranwächst und in die mündige Gleichgestelltheit mit seinen Eltern hineinwächst. Vater und Sohn, Mutter und Tochter stehen einmal Schulter an Schulter im Leben, mit gleichrangigen Rechten und Pflichten versehen. Analoges ist zwischen Mensch und Gott undenkbar. Wenn „Kind", dann bleibt der Mensch Gott gegenüber ein „ewiges Kind". Frankl bevorzugte deshalb eine andere Metapher:

Der Mensch verhält sich Gott gegenüber daher eher wie ein Tier dem Menschen

gegenüber: so, wie die „Welt" des Menschen die „Umwelt" des Tieres umgreift, so wird die Welt des Menschen von der Überwelt umfasst.

Es ist uns nicht angenehm, bildlich in die Rolle des Tieres zu schlüpfen, doch zumindest scheitert diese Metapher nicht am Wachstumspotenzial der Lebewesen. Denn wenn ein Tier sich noch so sehr auswächst, kann es menschliche Standards nie einholen. Mehr noch: Die menschliche Welt bleibt ihm unzugänglich und verschlossen, und dies, *obwohl* sich das Tier mitten in der menschlichen Welt aufhält. Eine Biene zum Beispiel holt sich den Blütenhonig, kehrt damit zum Bienenstock zurück, zieht alle instinktiven Register, spult das gesamte Bienenprogramm ab, „kennt" vielleicht sogar in einer blinden Ahnung ihren Imker, lebt mit ihm in derselben Landschaft – und trotzdem versteht sie ihn und seine Welt nicht und wird sie niemals verstehen. Theologisch gesprochen: Gott ist und bleibt ein Mysterium …

DIM 92

James C. Crumbaughs vernünftiger Hund

James C. Crumbaugh war ein amerikanischer Logotherapeut und enger Freund von Frankl. Crumbaugh hat speziell in der Rehabilitation von Alkoholkranken gearbeitet und über die nachhaltigen Erfolge, die er mit seinen logotherapeutischen Methoden erzielen konnte, einige Bücher publiziert. Auch hat er sich mit Nahtoderfahrungen beschäftigt.

Bei einem USA-Besuch Frankls erzählte ihm Crumbaugh eine kleine Story über einen Hund. Frankl griff diese bereitwillig auf, um seine Sichtweise von der Tier-Mensch-Gott-Relation zu erläutern.

In der Story ging es um eine frisch gestrichene Türschwelle von Crumbaughs Wohnung. Crumbaugh konnte vorsichtig darüber steigen. Aber als er von einem Ausflug heimkommend dazu ansetzte, kam der Hund des Nachbarn angesprungen, um ihn zu begrüßen. Crumbaugh musste den Hund um jeden Preis davon abhalten, sich die Pfoten an der klebrigen Türschwelle zu verätzen. Am Ende hätte das Tier seine brennenden Pfoten abgeleckt und die giftige Farbe ins Maul bekommen. Deshalb wies Crumbaugh den Hund unwirsch und scheinbar lieblos von sich.

Wie hätte er ihm verständlich machen sollen, was jenseits seiner Welt lag? Wie erklärt Gott dem Menschen, was jenseits der Welt des Menschen liegt?

Crumbaugh war neugierig, wie ihm der abgewiesene Hund das nächste Mal begegnen würde. Würde er „schmollen"? Doch als er ihn wiedersah, wedelte dieser freudig mit dem Schwanz. Er hatte ihm die Zuneigung und das Vertrauen nicht aufgekündigt. Er war ihm nicht gram über etwas Leidvolles, das er nicht verstanden hatte!

Hunde können vernünftiger sein als Menschen!

DSP 76

Der nach dem Finger schnappende Hund

Ehe wir die Vierbeiner verlassen, noch eine kleine Ergänzung:

Auch der sehr „vernünftige" Hund von Crumbaughs Nachbarn konnte die Absichten seines menschlichen Gefährten nicht durchschauen. Undurchschaubares, Unerklärliches aber produziert Missverständnisse. Dank meiner jahrzehntelangen Arbeit in der Ehe- und Familienberatung kann ich ohne Zögern behaupten, dass ca. 90% aller familiären Konflikte durch grobe Missverständnisse (mit-) verursacht werden. Und dies auf der Ebene von Mensch zu Mensch, also dort, wo es noch Durchschaubares gibt! Wo noch eine Einfühlung in den anderen und seine Intentionen möglich wäre. Wie viele Missverständnisse mögen sich dann erst in die Beziehung des Menschen zu Gott einschleichen!

Wenn ich einem Hund etwas zeige, mit dem Finger auf etwas weise, dann blickt er

> **nicht in die Richtung, in die der Finger zeigt, sondern auf den Finger selbst; wenn er böse ist, schnappt er nach dem Finger.**

Frankl wollte damit sagen, dass dem Hund die Zeichenfunktion unbekannt ist. Genauso mag der Mensch Zeichen aus einer Überwelt missdeuten: Er „schnappt nach dem Finger", er hadert mit dem Schicksal …

Eine etwas abstraktere Metapher ist Frankls Gleichnis vom Goldenen Schnitt, jenem geometrischen Teilungsverhältnis, in dem sich der kleinere Teil (z. B. einer Strecke) zum größeren verhält wie der größere Teil zum Ganzen. Frankl übertrug diese Regel auf das Beziehungsgeflecht zwischen Tier und Mensch einerseits und Mensch und Gott andererseits. Wir sind zwar „der größere Teil" im „Goldenen Glaubensschnitt", aber das Ganze dürfen wir nicht auf unseren Teil herunterzubrechen versuchen.

DIM 240, DuG 61/62, LsL 100, LuE 139

„Aus der Enge rief ich den Herrn"

Neben dem Gleichnis vom Goldenen Schnitt gebrauchte Frankl noch eine andere Metapher, die er wiederum der Bibel entnommen hatte. Ihr zufolge verhalten sich die „göttlichen Gedanken" zu den menschlichen wie der „Himmel" zur Erde. Frankl fand diese Relation insofern passend, als die Erde sich ja im Raum dreht, wohingegen der Himmel (im herkömmlichen Sinne) den Raum selbst darstellt. Die Quintessenz von all diesen Metaphern hat Frankl in dem Satz zusammengefasst, dass „wir nicht mit innerweltlichen Kategorien hantieren dürfen", wenn wir ins Außerweltliche hineinspüren.

Für Frankl war Gott, so wie er ihn verstand, (gemäß dem Raumgleichnis) mit unendlicher Weite verbunden. Prägnant kommt dies zum Ausdruck in seinem Bericht über die Zeit unmittelbar nach seiner Befreiung 1945 aus dem letzten Konzentrationslager. Er und seine Kameraden standen noch total unter dem Schock der erlittenen Torturen. Völlig abgemagert und voller Blessuren waren sie weder zum Aufatmen noch zur Freude fähig. Da lenkte Frankl seine Schritte in ein blühendes Feld, dorthin, wo nichts war außer „weite Erde und der Himmel“ darüber. Dort fiel er auf die Knie.

> **Du weißt in diesem Augenblick nicht viel von dir und nicht viel von der Welt, du hörst in dir nur einen Satz, und immer wieder denselben Satz: „Aus der Enge rief ich den Herrn, und er antwortete mir im freien Raum."**

War Frankl nicht derjenige, der Gott ein „immerwährendes Schweigen“ attestiert hatte? Offenbar kann der ins Gebet versunkene Mensch aus dem göttlichen Schweigen dennoch mitunter eine Art „Antwort“ auf sein Flehen herausfiltern, auch wenn sie nicht verbal ausfällt. Für Frankl markierte diese „Antwort aus dem freien Raum“ den Start in ein neues und überaus kreatives Leben.

DIM 234, tJL 135

Das Gebet macht Gott gegenwärtig

Eine der weisesten Erkenntnisse Frankls war, dass der Mensch besser nicht *von* Gott, sondern lieber *zu* Gott sprechen solle. Frankl bedauerte, dass „im Zuge der Versachlichung des Menschen aus dem Ich ein Es wird, im Zuge der Vermassung der Menschheit aus dem Wir ein Man wird, und im Zuge der Entpersönlichung Gottes aus dem Du ein Er wird". Von Gott als „ihm" zu sprechen, sei eigentlich falsch. Das uns zustehende Pronomen sei das Du.

> **Was rettet nun die Duhaftigkeit? Was ist allein imstande, Gott in seiner Duhaftigkeit – das göttliche Du als Du augenblicklich aufleuchten zu lassen? Das *Gebet*: es ist der einzige Akt menschlichen Geistes, der Gott als Du präsent zu machen vermag.**

Dabei kam es Frankl überhaupt nicht darauf an, dass bestimmte Gebetstexte Verwendung finden. Es gibt lautlose Gebete. Es gibt wortlose Gebete. Es gibt fromme Gesten und Riten mit Gebetscharakter. Es gibt sogar, wie bereits erwähnt, jene ehrlichen inneren Zwiesprachen mit sich selbst, bei der sich das Du mit dem Ich ein bisschen verwischt – und dennoch verdeckt präsent ist.

Das Menschsein ist eng mit einer differenzierten Sprache verknüpft. Sprechen und Denken und Fühlen sind miteinander verwoben. Der menschliche Geist instrumentalisiert sie für seine Zwecke. Und die Sprache ist einer seiner wichtigsten Expressionskanäle. Auf den Schwingungen der Sprache tänzelt er über das leibliche Selbst des Menschen hinaus. Und so schwingt er sich auch im Gebet, im Du-Sagen weg vom Ich und hin zu jenem Du, das er intendiert und ersehnt seit Urzeiten, weil es – seine Wiege ist.

Was das Gebet leistet, das ist die Intimität der Transzendenz …

DIM 237

Das Auge ist ein Beweis für die Sonne

Gemäß Frankl ist

> **... anzunehmen, dass es unmöglich sinnlos gewesen sein kann, wenn wir uns mit einer sinnlosen Welt nicht abfinden können beziehungsweise nicht anders können, als nach Sinn suchen.**

Unser Gehirn hat das Denken nicht erfunden. Unsere Beine haben das Gehen nicht erfunden und unsere Augen nicht das Sehen. Beine haben sich entwickelt, weil es auf der Erde festen Boden gibt – und dazu die Bedürftigkeit von Lebewesen, sich darauf fortzubewegen. Augen haben sich entwickelt, weil es eine Strahlung gibt, die von Gegenständen reflektiert wird und zur räumlichen Orientierung genutzt werden kann. So wie die Beine ein klares Indiz für die Existenz des festen Bodens und die Augen ein Beweis für die der Sonne sind (oder die

Flügel der Vögel ein Beweis für das Vorhandensein von Luft), so ist unser menschliches Gehirn ein untrüglicher Hinweis auf eine über die Materie hinausreichende geistige Welt, die sich einem entsprechenden „Empfangsapparat und Werkzeug" erschließt. Und unser „Sinn-Organ" Gewissen ist ein klares Indiz für die Existenz von Sinn. Es wäre doch der Gipfel absurdester Selbstüberschätzung, zu glauben, das Phänomen des Geistes oder der Sinn wären erst mit unserer Spezies in die Welt gekommen, und vor uns hätte es im ganzen weiten Kosmos daran gefehlt. Es muss genau umgekehrt sein. *Weil* der Kosmos durchweht ist von einer Geistigkeit, *weil* darin ein Sinn waltet, war es ihm möglich, Wesen aus Fleisch und Blut hervorzubringen, die daran einen bescheidenen Anteil haben dürfen. Der Analogieschluss bezüglich unserer Suche und Sehnsucht nach Gott ist zulässig …

Am Grunde unseres Seins liegt eine Sehnsucht, die dermaßen unstillbar ist, dass sie gar nichts anderes meinen kann als Gott.

ÄS 314, Anm. 7, DIM 233

Amo (Deum) – ergo (Deus) est

Nichts lag Frankl ferner, als einen Gottesbeweis konstruieren zu wollen. Was er von solchen „Beweisen" hielt, haben wir schon thematisiert. Trotzdem machte Frankl auf einen Sachverhalt aufmerksam, der in eine ähnliche Richtung zielt wie der vorige Abschnitt. Denn ähnlich wie die Sonne *vor* der evolutionären Entwicklung von Augen kam, so gibt es noch eine Reihe anderer „vorgängiger Phänomene", ohne die „Nachgängiges" nicht geschehen wäre oder würde. Dazu zählt auch die Liebe. Das Geliebte muss notwendigerweise *vor* dem Lieben kommen – ohne ein zu Liebendes würde sich keine Liebe entfalten. Dazu zählt auch das Verehren. Ohne ein zu Verehrendes würde sich niemand zur Verehrung bereitfinden.

... wir verehren so manches, so vieles, und doch enttäuscht es uns zuletzt; das nun, was uns nicht enttäuschen *könnte*, das

nennen wir *auch* Gott, und auch das – muss früher sein; und auch insofern muss Gott *sein*.

Wenn also die Völker seit Jahrtausenden Gott lieben und verehren, jedes auf seine individuelle Art, dann *ist* Gott. In einer brillanten Anspielung auf den berühmten Schlüsselsatz von René Descartes: „Cogito ergo sum" (d. h.: Ich denke, folglich bin ich) formulierte Frankl den Kernsatz: „Amo (Deum) ergo (Deus) est" (d. h.: Ich liebe [Gott], folglich ist [Gott]).

Dementsprechend verwundert es nicht, dass Menschen, die Gott unter allen Umständen und Bedingungen lieben und ehren, sogar noch dann, wenn ihnen Werte entzogen werden, seelisch ungewöhnlich stabil sind. Für sie *ist* Gott eine solche Gewissheit, dass sie „nie tiefer fallen können als in seine Hände".

DIM 226/234, DWS 55/56

Fluchtlinien zu einem Fluchtpunkt

Wohin flüchtet ein Mensch, wenn er sich bedroht fühlt oder wenn sein Liebstes und Teuerstes vom Untergang bedroht ist?

In der Psychotherapie lernt man ein Patientengut kennen, das in überwiegendem Maße „auf der Flucht ist". Zwar nicht so wie jene Ärmsten, die wegen Krieg, Terror, wirtschaftlichem Desaster oder Wetterunbill verzweifelt ihre Heimat verlassen. Nein, auch wohlbetuchte Leute in unserer Gesellschaft flüchten – vor Druck, Kritik, Überforderungen, furchteinflößenden Situationen, eingebildeten Dramen und selbstgestrickten Problemen. Oft flüchten sie in Rückzug, Krankheit, falsche Nachgiebigkeit, Aggression, Regression, Resignation und neurotische Hyperreaktionen. Therapeutisch werden sie instruiert, ihre Fluchttendenzen zu reduzieren, den Gegebenheiten ihres Lebens die Stirn zu bieten und sich auf ihre Ressourcen zu besinnen.

Es gibt allerdings auch *empfehlenswerte „Fluchtlinien“* (im und ohne Bedrohungsfall). Diese folgen dem Guten, Wahren, Schönen, Edlen, den Pfaden des Gewissens und der Intuition des Herzens. Frankl berief sich bei ihrer Nennung auf das perspektivische Zeichnen. Zeichnet man z. B. ein Haus, dann laufen dessen Fluchtlinien auf einen außerhalb der Zeichnung gelegenen Fluchtpunkt zu.

> **Er [der Fluchtpunkt] aber ... „ist“ gar nicht im Bild – im Bild, das er doch beherrscht, er ist gar nicht „real“ hineingezeichnet ..., und doch ist er für das Bild konstitutiv.**

Begibt man sich auf die empfehlenswerten „Fluchtlinien“, dann begibt man sich automatisch auf einen „gottgefälligen“ Weg, denn alle Werte (das Gute, Wahre, Schöne ...) konvergieren zu einer höchsten Wertperson – die selbst nicht „im Bilde der Welt ist“, wenngleich sie die Welt maßgeblich prägt und für sie konstitutiv ist.

DWS 56

Unser Kontakt mit „ebenbürtig Seiendem“

Leider haben wir Menschen sogar „*im* Bilde der Welt“ Schwierigkeiten, gute Kontakte zu knüpfen. Sehen wir zunächst von den zwischenmenschlichen Kontakten ab, die an Schwierigkeiten und „Fehlzündungen“ nichts zu wünschen übrig lassen. Wie gestalten sich unsere sonstigen Kontakte? Nun, mit den Hunden und Kätzchen funktioniert es noch zur Not. Mit Papageien, Fischen und Schildkröten wird es schon erheblich schwerer. Kann jemand einen guten Kontakt zu Regenwürmern und Stechmücken aufnehmen? Können Blumenliebhaber wirklich einen Kontakt finden zu ihren Azaleen und Begonien?

Nicht nur der metaphysische Bereich bleibt ein unauflösliches Geheimnis für uns, auch je mikrophysischer ein Bereich wird, desto weniger Beziehung können wir zu ihm aufbauen. Den Atomen und ihren Protonen gegenüber versagt unsere Fantasie vollends ...

Frankl zeigte auf, dass unser Verstehenshorizont auf „ebenbürtiges Sein" begrenzt ist, inklusive ein paar Mini-Nuancen darüber und darunter.

Bedenken wir doch bloß: Dinghaftes können wir nicht verstehen – wir können es nur erklären. Menschliches jedoch können wir verstehen – Menschen nämlich können *einander* verstehen.

Alle Menschen sind dank ihrer Geistigkeit einander ebenbürtig. Und Geistiges kann bei Geistigem „andocken", kann bei Geistigem verweilen. *Das* ist unsere menschliche Superiorität, aber zugleich unsere menschliche Verpflichtung, zu jenen Ebenbürtigen, zu denen wir eben in Beziehung treten können, gute und respektvolle Kontakte zu unterhalten.

Ach so wenig können wir verstehen: Gott nicht, Gestein nicht, Tiere und Pflanzen praktisch nicht, aber *einander* können wir verstehen … – warum tun wir es dann oft nicht?

DIM 91/92, DWS 53/54

Die verschiedenen Sprachen der Konfessionen

Da der Mensch Gott nicht ebenbürtig ist, scheint es auch mit des Menschen „Ebenbildlichkeit" nicht recht zu klappen ...

Ein uralter Zankapfel im friedlichen Miteinander der Völker ist u. a. der Religionsstreit. Frankl lehnte jede Form von „konfessioneller Engstirnigkeit und religiöser Kurzsichtigkeit" ab. Für ihn war Gott alles andere als ein Jemand, der sich brüsten will mit einer möglichst großen Anhängerschar, die noch dazu exakt in einem vorgeschriebenen Rahmen an ihn glaubt.

Ich kann mir einfach nicht vorstellen, dass Gott so kleinlich ist.

Frankl verglich die verschiedenen religiösen Bekenntnisse mit den verschiedenen Sprachen der menschlichen Kultur.

Niemand kann sagen, dass seine Sprache den anderen Sprachen überlegen ist – in jeder Sprache kann der Mensch an die Wahrheit herankommen ... So kann er denn auch durch das Medium jeder Religion hindurch zu Gott finden – zu dem einen Gott.

Natürlich kann er das am leichtesten in seiner „Muttersprache", die ihm geläufig ist. Nur darf er bei religiösen Diskussionen dann nicht verlangen, dass sämtliche Gesprächspartner auf seine „Muttersprache" einschwenken. Um Gemeinsamkeiten zu entdecken und sich daran zu delektieren, muss man dem Andersgläubigen genauso höflich und tolerant begegnen wie dem Fremdsprachigen und sich wenn möglich um „Übersetzungshilfen" bemühen.

Und wäre jemand ganz „sprachlos" (konfessionslos), so Frankl, wäre das auch kein Hinderungsgrund, in seinem Innersten seinem persönlichen Sehnen nach Gott stattzugeben.

DuG 65/95, LsL 105/106, DWS 59

Zwei Gefahren: Verschwommenheit und Starre

Es gibt moderne Bestrebungen, weitgehend ohne religiöse Zeremonien und Institutionen auszukommen. Traditionen, auch konfessionelle Traditionen, werden im Wandel der Zeit brüchig. Frankl befürwortete jedoch nicht, solche Traditionen in hohem Bogen über Bord zu werfen. Der religiöse Enthusiasmus werde dadurch seiner Formen beraubt und verschwommen. Umgekehrt können konfessionelle Traditionen ihre Dynamik verlieren und steif und starr werden. Das Statische und Dogmatische an ihnen wird dann anstelle des Inhaltlichen hochgehalten.

Liegt die Gefahr des Ersten darin, dass Religion im Vagen zerfließt, so liegt die Gefahr des Zweiten darin, dass sie im Formalen gerinnt.

Blut ohne Adern verblutet –
Adern ohne Blut verkalken.

Es wird nicht immer glücken, die gesunde Mitte dazwischen zu wahren. Was aber unbedingt glücken und *bald* glücken sollte, ist die Abkehr von jeglicher Rivalität und Besserwisserei zwischen den Vertretern der verschiedenen Konfessionen sowie zwischen den religiösen und irreligiösen Gruppierungen. Niemand begründe seine Gehässigkeit mit seinem Glauben an Gott! Gehässigkeit ist „Sünde", egal, mit welchem Vorwand sie geschminkt wird.

In einer von Frankl zitierten chassidischen Erzählung wurde ein Gelehrter gefragt, *wann* ein Mensch weiß, ob ihm der Himmel eine Sünde verziehen habe. Die Antwort des Gelehrten lautete, dass der Betreffende es daran erkennen könne, dass er selber diese Sünde nie wieder begeht.

Möge allen, die im Namen Gottes Leid über andere Menschen bringen, verziehen werden; das heißt: *Mögen sie diese Sünde nie wieder begehen!*

DIM 238/239, DWS 86, DuG 42, ÄS 282/283, Anm. 17

Führt der Trend von der Religion weg?

Frankl wurde einst von einer Reporterin in den USA interviewt. Darunter auch zur Frage, ob der allgemeine Trend von der Religion wegführe.

Frankl verneinte dies. Der aufgeschlossene, selbstbewusste Mensch von heute werde sich jedoch immer weniger aufzwingen lassen, was er zu glauben habe. Deshalb meinte Frankl, dass fanatische und sektiererische Splitterorganisationen (hoffentlich) an Attraktivität einbüßen würden bzw. nur noch psychisch kränkelnde Personen in ihren Bann ziehen könnten.

Auch die Frage, ob es in der Zukunft zu einer universalen Religion kommen werde, verneinte er:

> **... wir gehen auf eine ... zutiefst personalisierte Religiosität zu, eine Religiosität, aus der heraus jeder zu seiner persönlichen, seiner eigenen, ureigensten Sprache finden wird, wenn er sich an Gott wendet.**

Noch ein anderer hat Frankl einst „interviewt“: kein Geringerer als Papst Paul VI. Er lud Frankl und dessen Frau Elly zu einer Sonderaudienz in den Vatikan ein. Frankl war sehr gerührt. Aber statt sich der Ehre, die ihm zuteil wurde, zu rühmen, ging er ernsthaft in sich, ja mit sich ins Gericht:

> **... was ich der Gnade schuldig geblieben bin, die mir, nachdem ich die Tore von Auschwitz hatte durchschreiten müssen, noch 50 Jahre geschenkt hat.**

Offenbar ist auch der Papst, immerhin das „Oberhaupt der Katholiken“, ernsthaft in sich gegangen, als er sich von dem „Juden“ Frankl mit den Worten verabschiedete: „Bitte beten Sie für mich!“ Wie ich Frankl kenne, hat er dieser Bitte sicher entsprochen.

LsL 105/106, DuG 65, DLA 165

Ein fulminantes Schlusswort

Zu den Lieblingsaphorismen von Frankl zählte ein Ausspruch des Arztes Carl Ludwig Schleich, der einmal gesagt haben soll:

„Gott saß vor der Orgel der Möglichkeiten
und improvisierte die Welt.
Wir Armen, Menschen,
hören immer nur die *vox humana* heraus.
Ist sie schon schön,
wie herrlich muss das Ganze sein!"

Die *vox humana,* die Stimme des Menschen …

Meines Erachtens war es Frankls größter Wunsch, dass sich die *vox humana* in Frieden, Achtung und gegenseitiger Wertschätzung vereine, um wirklich schön und harmonisch zu erschallen. Schließlich hatte Frankl einen horriblen Einblick gewonnen, wohin es führt, wenn einige Stimmen andere Stimmen übertönen oder gar auslöschen möchten. Wenn es an *Ehrfurcht* mangelt: an Ehrfurcht vor dem Nächsten, an Ehrfurcht vor Gott. (Womit sich der Kreis zum Anfang dieses Buches schließt.)

Frankls Anliegen war es, das jüdische Hauptgebet „Höre, Israel, (je) unser (persönlicher) Gott ist einer!“ auszuweiten auf:

> **Höret, all ihr Völker ...: (je) unser (konfessioneller) Gott ist einer *und ein und derselbe.***

Aber sein Herzensanliegen ging noch darüber hinaus. Ich übergebe ihm das Schlusswort, ein fulminantes Wort mit enormem Appellcharakter:

> **Vor Jahrtausenden fand die Menschheit zum Monotheismus. Es scheint mir an der Zeit zu sein, einen weiteren Schritt zu tun und den Monotheismus zu ergänzen durch einen Monanthropismus ..., den Glauben an die eine Menschheit, neben deren Einheit Parteifarben und Hautfarben verblassen.**

Könnte jemand, der diese Zeilen liest, noch behaupten Frankl sei heute nicht mehr aktuell?

ÄS 74, DWS 59/60, DIM 41, DWS 120

Literaturangaben

Die Originalzitate stammen aus folgenden Büchern von Viktor E. Frankl:

LsL = „Das Leiden am sinnlosen Leben. Psychotherapie für heute“, Kreuz Verlag in der Verlag Herder GmbH, Freiburg/Br. 2015

PfA = „Viktor E. Frankl. Psychotherapie für den Alltag“, Kreuz Verlag in der Verlag Herder GmbH, Freiburg/Br. 2015

DuG = „Der unbewusste Gott. Psychotherapie und Religion“, dtv, München, 14. Auflage 2017

TTN = „Theorie und Therapie der Neurosen“, Ernst Reinhardt Verlag, München, 9. Auflage 2007

ÄS = „Ärztliche Seelsorge. Grundlagen der Logotherapie und Existenzanalyse“, dtv, München, 7. Auflage 2017

PiP = „Die Psychotherapie in der Praxis. Und ausgewählte Texte über angewandte Psychotherapie“, Gesammelte Werke Band 3, Böhlau Verlag, Wien 2008 tJL = „… trotzdem Ja zum Leben sagen. Ein Psychologe erlebt das Konzentrationslager“, Penguin Verlag, München 2018

DLA = „Dem Leben Antwort geben. Autobiografie“, Beltz Verlag, Weinheim 2017

DSP = „Die Sinnfrage in der Psychotherapie“, Piper, München, 7. Auflage 2002

DWS = „Der Wille zum Sinn“, Hogrefe AG, Bern, 7. Auflage 2016

LuE = „Logotherapie und Existenzanalyse. Texte aus sechs Jahrzehnten“, Beltz Verlag, Weinheim, 3. Auflage 2010

DlM = „Der leidende Mensch. Anthropologische Grundlagen der Psychotherapie“, Verlag Hans Huber, Bern, 3. Auflage 2005

Die Zahlen neben den Buchstaben im Text (jeweils am Kapitelende) geben die jeweiligen Seitenzahlen an.

Über die Autorin

Frau Univ.-Prof. h. c. Dr. phil. habil. Elisabeth Lukas ist klinische Psychologin und approbierte Psychotherapeutin mit einer mehr als 30-jährigen Praxis. Sie ist eine ehemalige Schülerin von Herrn a. o. Univ.-Prof. h. c. mult. Dr. med. Dr. phil. Viktor E. Frankl. Im Zuge ihrer jahrzehntelangen Lehrtätigkeit hat sie eine ganze Generation von Logotherapeutinnen und Logotherapeuten ausgebildet. Ihr umfangreiches Schrifttum wurde in 20 Sprachen übersetzt.

Elisabeth Lukas im Verlag Neue Stadt

DURCHQUERUNG EINER BEWEGTEN ZEIT
Acht Jahrzehnte Lebenserfahrung

Autobiografische Notizen vermitteln wichtige Einsichten und geben berührende Einblicke in ein bewegtes Leben. 216 S., geb., ISBN 978-3-7346-1298-5

Elisabeth Lukas / Elisabeth Gur
TROTZDEM JA ZUM ALTSEIN SAGEN
Die Lebensfreude bewahren

Viele praxiserprobte Tipps! Mit einem Schauspiel von Elisabeth Lukas (»Anna und die Freiheit«), das veranschaulicht, was im Leben wirklich zählt. 216 S., geb., ISBN 978-3-7346-1351-7

EINMAL RUND UM DIE SONNE
Begleitende Gedanken für das ganze Jahr

Zwölf Monate – zwölf Lebensthemen: exemplarische Lebensgeschichten. 304 S., geb., ISBN 978-3-7346-1091-2

QUELLEN SINNVOLLEN LEBENS
Woraus wir Kraft schöpfen können

Kraftquellen entdecken: von der Philosophie über die Literatur bis hin zur Stille. 160 S., geb., ISBN 978-3-7346-1002-8

www.neuestadt.com